LIBËR GATIMIN E PICES

100 RECETA PËR TË PËRGATITUR PICA PERFEKTE NË SHTËPI

Enea Hasa

Të gjitha të drejtat e rezervuara.

Mohim përgjegjësie

Informacioni i përmbajtur në këtë eBook ka për qëllim të shërbejë si një koleksion gjithëpërfshirës i strategjive për të cilat autori i këtij libri elektronik ka bërë kërkime. Përmbledhjet, strategjitë, këshillat dhe truket janë vetëm rekomandime nga autori, dhe leximi i këtij libri elektronik nuk do të garantojë që rezultatet e dikujt do të pasqyrojnë saktësisht rezultatet e autorit. Autori i librit elektronik ka bërë të gjitha përpjekjet e arsyeshme për të ofruar informacion aktual dhe të saktë për lexuesit e librit elektronik. Autori dhe bashkëpunëtorët e tij nuk do të mbajnë përgjegjësi për ndonjë gabim ose lëshim të paqëllimshëm që mund të gjendet. Materiali në eBook mund të përfshijë informacione nga palë të treta. Materialet e palëve të treta përbëhen nga mendimet e shprehura nga pronarët e tyre. Si i tillë, autori i librit elektronik nuk merr përsipër përgjegjësi ose përgjegjësi për ndonjë material ose opinion të palëve të treta. Qoftë për shkak të përparimit të internetit, ose për shkak të ndryshimeve të paparashikuara në politikën e kompanisë dhe udhëzimet e paraqitjes editoriale, ajo që deklarohet si fakt në kohën e këtij shkrimi mund të bëhet e vjetëruar ose e pazbatueshme më vonë.

Libri elektronik është me të drejtë autori © 2024 me të gjitha të drejtat e rezervuara. Është e paligjshme rishpërndarja, kopjimi ose krijimi i veprës së derivuar nga ky eBook tërësisht ose pjesërisht. Asnjë pjesë e këtij raporti nuk mund të riprodhohet ose ritransmetohet në çfarëdolloj riprodhimi ose ritransmetimi në çfarëdo forme pa lejen e shkruar dhe të nënshkruar nga autori.

TABELA E PËRMBAJTJES

TABELA E PËRMBAJTJES..4

PREZANTIMI..8

RECETA E PICES..10

   1. PICA PULE BARBECUE...11
   2. PICA ME MISH VIÇI DHE KËRPUDHA...................................15
   3. PICA ME SALCË BROKOLI DHE DJATHI..................................20
   4. PICA ME SALCË BROKOLI DHE DOMATE................................24
   5. PICA BUFFALO CHICKEN..28
   6. PICA CHARD DHE DJATHË BLU..32
   7. PICA CHORIZO DHE PIPER I KUQ...36
   8. DELICATA SQUASH DHE CHARD PIZZA..................................40
   9. PICA CONFIT DUCK..44
   10. PICA ME QOFTE...48
   11. PICA MEKSIKANE ME KARKALECA.....................................53
   12. PICA NACHO..57
   13. PICA ME BIZELE DHE KARROTA.......................................61
   14. PICA PHILLY CHEESESTEAK...65
   15. PICA POLINEZIANE...69
   16. PICA BYREKU ME TENXHERE..73
   17. PATATE, QEPË DHE PICA CHUTNEY...................................78
   18. PICA PROSHUTO DHE RUKOLA...82
   19. PICA RUBEN...86
   20. PICA ME RRËNJË TË PJEKURA...90
   21. PICA ME SALLAM DHE MOLLË..95
   22. PICA SHIITAKE..99
   23. PICA ME SPINAQ DHE RICOTTA.......................................103
   24. PICA ME SALLATË RUKOLE...107
   25. PICA AVOKADO 'N GJITHÇKA..110

26. Pica pule BBQ 113
27. Pica me luleshtrydhe BBQ 116
28. Pica me pjatë të thellë brokoli 119
29. Pite pica me pule Buffalo 124
30. Pica në Kaliforni 127
31. Pica me qepë të karamelizuar 131
32. Djathë Calzone 134
33. Pica me bajame me qershi 137
34. Pica në stilin e Çikagos 140
35. Pica me gjellë të thellë 144
36. Pica holandeze e furrës 148
37. Kone picash për sallatë me vezë 151
38. Pica me fiku, taleggio dhe radicchio 154
39. Byrek pica me gjalpë kikiriku të ngrirë 158
40. Super pica në skarë 161
41. Pica e pjekur në skarë 163
42. Pica e bardhë e pjekur në skarë me soppressata 167
43. Pica me perime të pjekura në skarë 172
44. Pica me mocarela, rukola dhe limon 175
45. Pica meksikane 179
46. Mini Pica Bagels 183
47. Pica Muffuletta 185
48. Pica me pan 188
49. Pica me spec djegës 193
50. Pica Pesto 196
51. Pica Philly Cheesesteak 199
52. Pica pita me ullinj jeshil 202
53. Pica Burgers 206
54. Pica kuti dreke 208
55. Trajtim me fruta të ftohtë 210
56. Pica e tymosur 212
59. Pica artizanale 218
60. Dip pica me pepperoni 220
61. Pica me ton 222

62. Pjlë me shije pica..224
63. Pca për mëngjes...227
64. Pca e freskët e kopshtit..230
65. Predha picash..233
66. Pica e nxehtë italiane...236
67. Pica në stilin e New Orleans..239
68. Pica e së enjtes mbrëma..242
69. Pica me perime të përziera..246
70. Pica Hamburger..248
71. Krem pica..251
72. Pica Roma Fontina...254
73. Pica me pule me spinaq pikante...256
74. Pica për Pashkë...261
75. Pica Super-Bowl...265
76. Pica me bukë të sheshtë...269
77. Pica herët në mëngjes...272
78. Pica Backroad..275
79. Pica miqësore për fëmijë...277
80. Pica në stilin Pensilvani...279
81. Pica me dhallë..282
82. Pica Worcestershire...285
83. Pica me mish viçi BBQ..288
84. Pica Rigatoni..290
85. Pica në stilin meksikan..292
86. Pica mesdhetare..296
87. Pica me të gjitha specat dhe qepët....................................299
88. Dua Pica...302
89. Pica Tofu me patate...305
90. Pica greke...309
91. Sallatë pica...312
92. Pica ëmbëlsirë..316
93. Pica të vogla për piknik...319
94. Pica me arra tropikale..322
95. Pica me pulë me boronicë...324

96. Pica e ëmbël dhe e kripur...326
97. Pica Vjeshtore Dijon...330
98. Pica me gjalpë Gorgonzola..333
99. Pica me rrush me rukola...335
100. Pica në stilin francez..338

PËRFUNDIM...**340**

PREZANTIMI

Mirë se vini në "Pizza Cookbook" ku ne nisim një udhëtim mahnitës në botën e prodhimit të picave. Pavarësisht nëse jeni picajolo me përvojë ose fillestare në kuzhinë, ky libër është krijuar për ta ngritur lojën tuaj të picës në lartësi të reja. Nga zotërimi i brumit të përsosur deri te eksperimentimi me mbushjet inovative, ne ju kemi mbuluar. Bëhuni gati për të shpalosur kreativitetin tuaj, për të mashtruar shijet tuaja dhe për t'u bërë përshtypje miqve dhe familjes tuaj me pica që nuk janë asgjë më pak se spektakolare.

Në këtë libër gatimi, do të gjeni një thesar recetash që variojnë nga të preferuarat klasike si Margherita dhe Pepperoni deri te krijimet e guximshme dhe aventureske të frymëzuara nga kuzhinat nga e gjithë bota. Por nuk ka të bëjë vetëm me mbushjet - ne do të thellohemi gjithashtu në sekretet e arritjes së asaj kore të lakmuar krokante, djathit të shkëlqyeshëm dhe ekuilibrit harmonik të shijes që përcakton një picë vërtet të jashtëzakonshme.

Pra, përveshni mëngët, hiqni pluhurin nga kollaja dhe le të zhytemi në botën e mrekullueshme të bërjes së picave. Bëhuni gati për të çliruar kuzhinierin tuaj të brendshëm të picës dhe zbuloni gëzimin e krijimit të kryeveprave tuaja të shijshme pikërisht në komoditetin e kuzhinës tuaj.

RECETA E PICES

1. Pica pule Barbecue

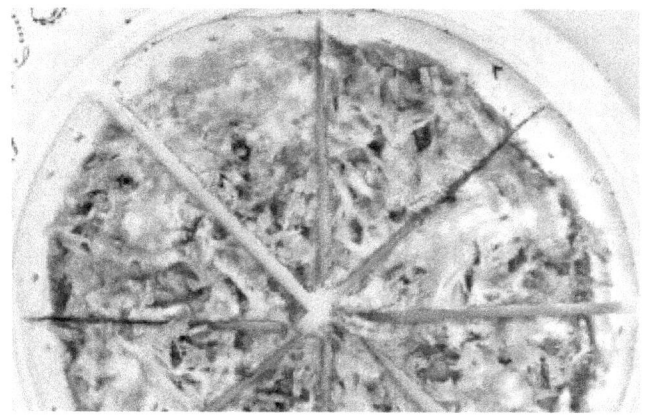

Përbërës

- Ose miell për të gjitha përdorimet për lëvozhgën e picës ose spërkatës që nuk ngjit f
- 1 brumë i bërë vetë
- 6 lugë salcë Barbecue (përdorni çdo varietet që preferoni, të nxehtë në të butë)
- 4 ons (1/4 paund) provolone të tymosur ose të tymosur zvicerane, të grira
- 1 filxhan mish pule të grirë e të gatuar
- 1/2 qepë të vogla të kuqe, të prera në kubikë (rreth 1/2 filxhan)
- lugë çaji gjethe rigon të grira ose 1/2 lugë çaji rigon të thatë
- ons Parmigiana, e grirë imët
- 1/2 lugë çaji thekon spec të kuq, sipas dëshirës

Drejtimet:

a) Brumë i freskët në një gur pice. Fillimisht, pudrosni pak lëkurën e picës me miell. Shtoni brumin dhe formoni atë në një rreth të madh duke e gërmuar fillimisht me majat e gishtave, më pas duke e kapur nga buza dhe duke i dhënë formë me duar në një rreth me diametër rreth 14 inç. Vendoseni brumin me anë të miellit poshtë mbi lëvozhgë.

b) Brumë i freskët në një tabaka pice. Lyejeni ose me llak që nuk ngjit dhe vendoseni brumin në një tumë në qendër të tepsisë ose tepsisë. Zbutni brumin me majat e gishtave, më pas tërhiqeni dhe shtypni brumin derisa të formojë një rreth me diametër rreth 14 inç në tepsi ose një drejtkëndësh të parregullt, rreth 13 × 7 inç, në fletën e pjekjes.

c) Një kore e pjekur. Vendoseni atë në një lëvozhgë pice nëse përdorni një gur pice - ose vendosni koren e pjekur pikërisht në një tabaka pice.

d) Përdorni një shpatull gome për të përhapur salcën e Barbecue në mënyrë të barabartë mbi brumin e përgatitur, duke lënë një kufi prej 1/2 inç në buzë. Hidhni sipër djathin e grirë dhe të tymosur.

e) Vendosni copat e pulës mbi djathë, më pas spërkatni me qepën e prerë në kubikë dhe rigon.

f) Hidhni sipër parmigianën e grirë dhe specat e kuq, nëse përdorni. Rrëshqiteni byrekun nga lëvozhga te guri shumë i nxehtë—ose vendoseni tabakanë e picës me byrekun e saj ose pikërisht në furrë ose në pjesën e grilës së skarës që nuk është drejtpërdrejt mbi burimin e nxehtësisë.

g) Piqni ose piqni në skarë me kapak të mbyllur derisa korja të jetë e artë dhe djathi të jetë shkrirë dhe madje të ketë filluar të skuqet lehtë, 16 deri në 18 minuta. Rrëshqiteni lëvozhgën përsëri nën kore për ta hequr nga guri ose transferojeni tabakanë e picës ose fletën e miellit me byrekun në një raft teli. Lëreni byrekun mënjanë të ftohet për 5 minuta përpara se ta prisni dhe ta servirni.

2. Pica me mish viçi dhe kërpudha

Përbërës

- Miell për të gjitha qëllimet për pluhurosjen e lëvozhgës së picës ose spërkatës që nuk ngjit për lyerjen e tepsisë së picës
- 1 brumë i bërë vetë
- 1 lugë gjelle gjalpë pa kripë
- 1 qepë e vogël e verdhë, e copëtuar (rreth 1/2 filxhan)
- 5 ons kërpudha kremini ose butona të bardha, të prera hollë (rreth 11/2 filxhanë)
- 8 ons (1/2 paund) mish viçi i imët
- 2 lugë sheri të thatë, vermut të thatë ose verë të bardhë të thatë
- 1 lugë gjelle gjethe majdanozi të grira
- 2 lugë çaji salcë Worcestershire
- 1 lugë çaji gjethe trumze me kërcell
- 1 lugë çaji gjethe sherebele të grira
- 1/2 lugë çaji kripë
- 1/2 lugë çaji piper i zi i sapo bluar

- 2 lugë salcë bifteku në shishe
- 6 ons Cheddar, i grirë

Drejtimet

a) Brumë i freskët në një gur pice. Pluhuroni një lëvozhgë pice me miell, vendoseni brumin në qendër. Formoni brumin në një rreth të madh duke e gërmuar me majat e gishtave.

b) Brumë i freskët në një gur pice. Pluhuri një lëvozhgë pice me miell. Vendoseni brumin mbi të dhe përdorni majat e gishtave për ta zbërthyer brumin në një rreth të madh. Nxirreni brumin nga buza e tij dhe kthejeni në duar derisa të bëhet një rreth me diametër rreth 14 inç. Vendoseni brumin e formuar me anën e miellit poshtë në lëvozhgë.

c) Brumë i freskët në një tabaka pice. Lyejeni ose me llak që nuk ngjit. Vendoseni brumin në tepsi ose në fletën e pjekjes, groposeni me majat e gishtave—më pas tërhiqeni dhe shtypeni derisa të formojë një rreth 14 inç në tepsi ose një drejtkëndësh të parregullt 12 × 7 inç në fletën e pjekjes.

d) Një kore e pjekur. Vendoseni atë në një lëvozhgë pice nëse përdorni një gur pice - ose vendosni koren e pjekur pikërisht në një tabaka pice.

e) Shkrini gjalpin në një tigan të madh të vendosur mbi nxehtësinë mesatare. Shtoni gatimin e qepëve, duke e përzier shpesh, derisa të zbutet, rreth 2 minuta.

f) Shtoni kërpudhat vazhdoni zierjen, duke i përzier herë pas here, derisa të zbuten, të nxjerrin lëngun e tyre dhe të avullojë në një glazurë, rreth 5 minuta.

g) Thërrmoni në zierjen e mishit të grirë, duke e përzier herë pas here, derisa të skuqet mirë dhe të gatuhet, rreth 4 minuta.

h) Përzieni sherry, ose zëvendësuesin e tij, majdanozin, salcën Worcestershire, trumzën, sherebelën, kripën dhe piperin. Vazhdoni gatimin, duke e përzier vazhdimisht, derisa tigani të thahet përsëri. Lëreni mënjanë zjarrin.

i) Përhapeni salcën e biftekut në mënyrë të barabartë mbi kore, duke lënë një kufi prej 1/2 inç në buzë. Sipër hidheni çedarin e grirë, duke e mbajtur atë kufi të pastër.

j) Hidhni me lugë dhe shpërndajeni masën e mishit të grirë në mënyrë të barabartë mbi djathë. Më pas futeni picën nga lëvozhga te guri i nxehtë—ose vendoseni byrekun në tabakanë e saj të picës ose në fletën e miellit ose në furrë ose mbi pjesën e panxehur të grilës.

k) Piqni ose piqni në skarë me kapak të mbyllur derisa djathi të ketë filluar të flluskojë dhe korja të jetë kafe në buzë dhe disi e fortë në prekje, 16 deri në 18 minuta. Sigurohuni që të hapni çdo flluskë ajri që lind në brumë të freskët, veçanërisht në buzë dhe veçanërisht gjatë 10 minutave të para të pjekjes. Rrëshqiteni lëvozhgën përsëri nën kore, duke u kujdesur që të mos shkëputet sipërfaqja dhe më pas lëreni mënjanë për 5 minuta—ose vendoseni picën në tabakanë e picës në një raft teli për të njëjtën kohë përpara se ta prisni në feta dhe ta servirni. Për shkak se majat janë veçanërisht të rënda, mund të mos jetë e mundur të hiqet lehtësisht pica nga lëvozhga, tabaka ose fleta e pjekjes përpara se ta presësh në feta. Nëse përdorni një tepsi ose fletë pjekjeje që nuk ngjit, transferojeni me kujdes të gjithë byrekun në një dërrasë prerëse për të shmangur prerjen e sipërfaqes që nuk ngjit.

3. Pica me salcë brokoli dhe djathi

Përbërës

- Miell për të gjitha qëllimet për pluhurosjen e lëvozhgës së picës ose spërkatës që nuk ngjit për të lyer një tabaka pice
- 1 brumë i bërë vetë
- 2 lugë gjalpë pa kripë
- 2 lugë miell për të gjitha përdorimet
- 11/4 filxhan qumësht të rregullt, me pak yndyrë ose pa yndyrë
- 6 ons Cheddar, i grirë
- 1 lugë çaji mustardë Dijon
- 1 lugë çaji gjethe trumze me kërcell ose 1/2 lugë çaji trumzë të thatë
- 1/2 lugë çaji kripë
- Disa pika salcë me piper të kuq të nxehtë
- 3 gota lule brokoli të freskëta, të ziera në avull ose të ngrira, të shkrira (
- 2 ons Parmigiana ose Grana Padano, të grira imët

Drejtimet:

a) Brumë i freskët në një gur pice. Pluhuri një lëvozhgë pice me miell. Vendoseni brumin në qendër të lëvozhgës dhe formoni brumin në një rreth të madh duke e gërmuar me majat e gishtave. Merrni brumin dhe rrotullojeni duke mbajtur buzën e tij, duke e tërhequr pak ndërsa e bëni këtë, derisa korja të jetë një rreth rreth 14 inç në diametër. E vendosim të lyer me miell poshtë në lëvozhgë.

b) Brumë i freskët në një tabaka pice. Lyejeni njërën ose tjetrën me llak që nuk ngjit. Vendoseni brumin në tepsi ose tepsi, groposni brumin me majat e gishtave derisa të jetë një rreth i rrafshuar. Shkrini gjalpin në një tenxhere të madhe të vendosur mbi nxehtësinë mesatare. Rrihni miellin derisa të jetë homogjen dhe përzierja që rezulton bëhet bionde shumë e lehtë, rreth 1 minutë.

c) Ulni nxehtësinë në mesatare-të ulët dhe përzieni qumështin, duke e derdhur në një rrjedhë të ngadaltë dhe të qëndrueshme në përzierjen e gjalpit dhe miellit. Vazhdoni të përzieni mbi nxehtësinë derisa të trashet, si akullorja e shkrirë, ndoshta pak më e hollë, rreth 3 minuta ose në shenjën e parë të zierjes. Hiqeni tiganin nga zjarri dhe shtoni salcën me çedër të grirë, mustardën, trumzën, kripën dhe piper të kuq djegës (për shije). Ftoheni për 10 deri në 15 minuta, duke e përzier herë pas here.

d) Nëse jeni duke punuar me një kore të pjekur, kaloni këtë hap. Nëse jeni duke përdorur brumë të freskët, rrëshqitni koren e formuar, por ende jo të sipërmuar nga lëvozhga te guri i nxehtë ose vendoseni koren në tepsi ose në fletën e pjekjes ose në furrë ose mbi pjesën e panxehur të grilës së skarës. Piqni ose piqni në skarë me kapak të mbyllur derisa korja të marrë ngjyrë kafe të lehtë, duke u kujdesur që të shpërthejë çdo flluskë ajri që lind në sipërfaqen e saj ose në buzë, rreth 12 minuta. Rrëshqiteni lëvozhgën përsëri nën kore për ta hequr nga guri—ose transferojeni tabakanë e picës me koren në një raft teli.

e) Përhapeni salcën e trashë të djathit mbi kore, duke lënë një kufi prej 1/2 inç në buzë. Hidhni sipër lulet e brokolit, duke i renditur në mënyrë të barabartë mbi salcë. Spërkateni me parmigianën e grirë.

4. Pica me salcë brokoli dhe domate

Përbërës

- Ose miell misri i verdhë për pluhurosjen e lëvozhgës së picës ose vaj ulliri për lyerjen e një tabakaje picash
- 1 brumë i bërë vetë
- 1 pimiento e madhe në kavanoz ose piper i kuq i pjekur
- 1/2 lugë çaji thekon piper të kuq
- 1/2 filxhan salcë klasike pica
- 3 ons mocarela, e grirë
- Provoloni 3 ons, Muenster, ose Havarti, i copëtuar
- 2 filxhanë lulesh brokoli të ngrira ose lule të freskëta, të ziera në avull
- 1 ons Parmigiana ose Grana Padano, e grirë imët

Drejtimet

a) Brumë i freskët në një gur pice. Pluhuroni një lëvozhgë pice me miell, vendoseni brumin në qendër. Formoni brumin në një rreth të madh duke e gërmuar me majat e gishtave.

b) Brumë i freskët në një gur pice. Pluhuroni një lëvozhgë pice me miell misri. Vendoseni brumin si një gungë në lëvozhgë dhe më pas groposeni me majat e gishtave derisa të bëhet një rreth i madh. Merrni brumin, mbajeni nga buza e tij në të dyja duart dhe rrotullojeni, duke e shtrirë pak, derisa të jetë një rreth me diametër rreth 14 inç. Vendoseni nga ana e miellit të misrit poshtë në lëvozhgë. Nëse keni përdorur brumin e picës spelled, mund të jetë shumë i brishtë për t'u formësuar me këtë teknikë.

c) Brumë i freskët në një tabaka pice. Lyejeni tavën ose tepsi me vaj ulliri. Vendoseni brumin në secilën prej tyre dhe groposeni me majat e gishtave—më pas tërhiqeni dhe shtypni brumin derisa të formojë një rreth 14 inç në tepsi ose një drejtkëndësh të parregullt, 13 inç të gjatë dhe 7 inç të gjerë, në fletën e pjekjes. Një kore e pjekur. Vendoseni në një lëvozhgë pice të lyer me miell nëse përdorni një gur pice - ose vendosni koren e pjekur pikërisht në një tabaka pice.

d) Pure pimiento me thekon piper të kuq në një procesor të vogël ushqim deri sa të jetë e qetë. Përndryshe, grijini ato në një llaç me një shtyp deri në një pastë të butë. Le menjane. Përhapeni salcën e picës në mënyrë të barabartë mbi koren e përgatitur, duke lënë një kufi prej 1/2 inç në buzë. Hidhni sipër të dy djathërat e grirë, duke e mbajtur atë kufi të paprekur.

e) Spërkatni lulet e brokolit rreth byrekut, duke e lënë sërish atë kufi të paprekur. Vendoseni purenë e pimiento sipër, duke përdorur rreth 1 lugë çaji për çdo kukull. Hidhni sipër parmigianën e grirë hollë. Rrëshqitni me kujdes picën nga lëvozhga mbi gurin e nxehtë - ose nëse keni përdorur një tepsi ose fletë pjekjeje, vendoseni ose me byrekun e saj në furrë ose mbi pjesën e pa ngrohur të grilës.

f) Piqni ose piqni në skarë me kapak të mbyllur derisa djathi të shkrihet, salca e kuqe të jetë e trashë dhe korja të jetë kafe e artë dhe e fortë në prekje, 16 deri në 18 minuta.

g) Ose rrëshqisni lëvozhgën përsëri nën pica për ta hequr atë nga guri shumë i nxehtë ose transferojeni picën në tepsi ose tepsi në një raft teli. Nëse dëshironi të siguroheni që korja të mbetet e freskët, hiqeni byrekun nga lëvozhga, tepsi ose tepsi pasi të jetë ftohur për rreth 1 minutë, vendoseni picën direkt në raftin e telit. Në çdo rast, ftohuni për gjithsej 5 minuta përpara se ta prisni në feta.

5. Pica Buffalo Chicken

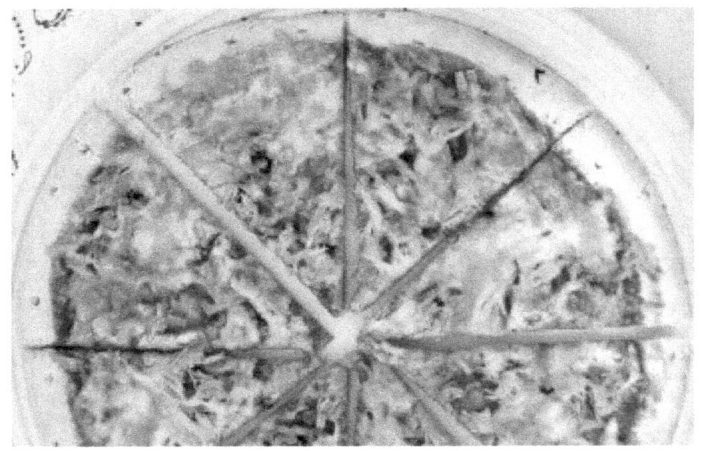

Përbërës

- Ose miell misri të verdhë për të pluhurosur një lëvozhgë pice ose gjalpë pa kripë për të lyer një tabaka pice
- 1 brumë i bërë vetë
- 1 lugë gjelle gjalpë pa kripë
- Gjoks pule 10 ons pa kocka pa lëkurë, të prera hollë
- 1 lugë gjelle salcë me piper të kuq djegës, mundësisht tabasko
- 1 lugë gjelle salcë Worcestershire
- 6 lugë salcë kili në shishe, si Heinz
- 3 ons mocarela, e grirë
- 3 ons Monterey Jack, të copëtuara
- 3 brinjë selino të mesme, të prera hollë
- Djathë blu 2 ons, si Gorgonzola, blu daneze ose Roquefort

Drejtimet

a) Brumë i freskët në një gur pice. Pluhuroni një lëvozhgë pice me miell, vendoseni brumin në qendër. Formoni brumin në një rreth të madh duke e gërmuar me majat e gishtave.

b) Brumë i freskët në një gur pice. Pluhuroni një lëvozhgë pice me miell misri. Vendoseni brumin në qendër të lëvozhgës dhe formoni brumin në një rreth të madh duke e gërmuar me majat e gishtave. Merrni brumin dhe formoni me duar, duke mbajtur buzën e tij, duke e kthyer ngadalë brumin derisa të bëhet një rreth rreth 14 inç në diametër. Vendoseni nga ana e miellit të misrit poshtë në lëvozhgë.

c) Brumë i freskët në një fletë pjekjeje. Lyeni pak gjalpë pa kripë në një peshqir letre, më pas fërkojeni rreth një tabakaje pice për ta lyer plotësisht. Vendoseni brumin në tepsi ose tepsi, groposni brumin me majat e gishtave derisa të jetë një rreth i rrafshuar. Më pas tërhiqeni dhe shtypeni derisa të formojë një rreth 14 inç në tepsi ose një drejtkëndësh të parregullt 12 × 7 inç në fletën e pjekjes. Një kore e pjekur. Vendoseni atë në një lëvozhgë pice të pluhurosur me miell misri nëse përdorni një gur pice - ose vendosni koren e pjekur në një tepsi të lyer me gjalpë ose një tepsi të madhe pjekjeje.

d) Shkrini gjalpin në një tigan të madh ose wok të vendosur mbi nxehtësinë mesatare. Shtoni kuzhinën e pulës të prerë në feta, duke e përzier shpesh, derisa të gatuhet, rreth 5 minuta. Hiqeni tiganin ose wok-un nga zjarri dhe përzieni me salcën e piperit të kuq të nxehtë dhe salcën Worcestershire. Përhapeni salcën e çilit mbi kore, duke u kujdesur që të lini një kufi prej 1/2 inç në buzë. Shtroni pulën e lyer me feta mbi salcë.

e) Hidhni sipër mocarelën e grirë dhe Monterey Jack, duke ruajtur buzën e kores. Spërkateni selinon e prerë në mënyrë të barabartë mbi byrekun. Në fund, thërrmoni djathin blu në mënyrë të barabartë në copëza të vogla dhe fshijeni mbi të gjitha petët e tjera.

6. Pica Chard dhe djathë blu

Përbërës

- Mielli i verdhë i misrit për lëvozhgën ose spërkatja jongjitëse për tepsin e picës ose fletën e pjekjes
- 1 brumë i bërë vetë,
- 2 lugë gjalpë pa kripë
- 3 thelpinj hudhre, te grira
- 4 gota të paketuara fort, të copëtuara, gjethe chard zvicerane me kërcell
- Mocarela 6 ons, e grirë
- 1/3 filxhan Gorgonzola e shkërmoqur, blu daneze ose roquefort
- 1/2 lugë çaji arrëmyshk i grirë
- Deri në 1/2 lugë çaji thekon piper të kuq, sipas dëshirës

Drejtimet

a) Brumë i freskët në një gur pice. Pluhuroni një lëvozhgë pice me miell, vendoseni brumin në qendër. Formoni brumin në një rreth të madh duke e gërmuar me majat e gishtave.

b) Brumë i freskët picash në një gur picash. Pluhuroni një lëvozhgë pice me miell misri, më pas vendoseni brumin në qendër. Formoni atë në një rreth të madh duke e gërmuar me majat e gishtave. Merrni atë dhe formësoni me duar, duke mbajtur buzën e tij, duke e kthyer ngadalë brumin derisa të jetë rreth 14 inç në diametër. E vendosim të lyer me miell poshtë në lëvozhgë.

c) Brumë i freskët në një tabaka pice. Lyejeni secilën prej tyre me llak që nuk ngjit. Vendoseni brumin në tepsi ose tepsi dhe groposeni brumin me majat e gishtave—më pas tërhiqeni dhe shtypeni derisa të formojë një rreth 14 inç në tepsi ose një drejtkëndësh të parregullt 12 × 7 inç në fletën e pjekjes.

d) Një kore e pjekur. Vendoseni atë në një lëvozhgë pice nëse përdorni një gur pice - ose vendosni koren e pjekur pikërisht në një tabaka pice.

e) Ngroheni gjalpin në një tigan të madh mbi nxehtësinë mesatare. Shtoni hudhrën dhe gatuajeni për 1 minutë.

f) Shtoni zarzavatet dhe gatuajeni, duke i hedhur shpesh me darë ose dy pirunë, derisa të zbuten dhe të thahen, rreth 4 minuta. Le menjane.

g) Spërkateni mocarelën e copëtuar mbi brumë, duke lënë një kufi prej 1/2 inç rreth buzës.

h) Hidhni sipër përzierjen e zarzavateve nga tigani, më pas spërkatni djathin blu sipër picës. Grini arrëmyshkun sipër dhe spërkatni mbi petat e specit të kuq, sipas dëshirës.

i) Rrëshqiteni picën nga lëvozhga në gurin e nxehtë ose vendoseni byrekun në tepsi ose në fletën e miellit ose në furrë ose në pjesën e pa ngrohur të skarës. Piqni ose piqni në skarë me kapak të mbyllur derisa djathi të shkrihet dhe të flluskojë dhe korja të jetë e fortë në prekje, 16 deri në 18 minuta. Rrëshqiteni lëvozhgën poshtë byrekut për ta hequr nga guri i nxehtë, më pas lëreni mënjanë—ose transferojeni byrekun në tepsi ose tepsi në një raft teli. Ftoheni për 5 minuta përpara se ta prisni në feta.

7. Pica Chorizo dhe Piper i Kuq

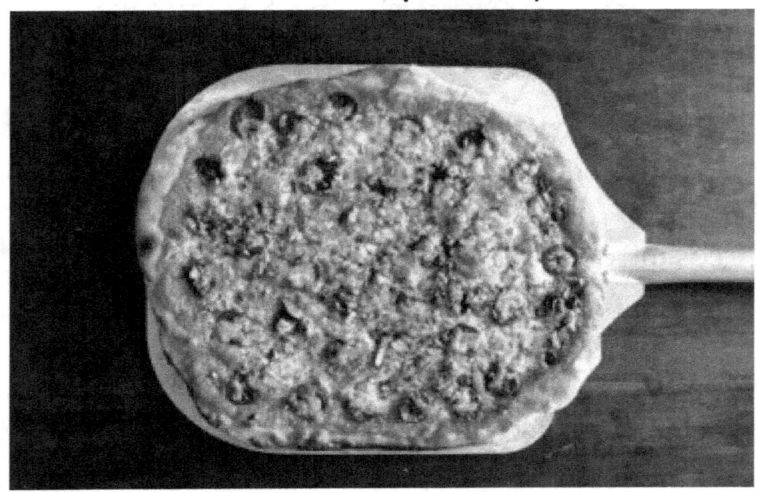

Përbërës

- Ose miell për të gjitha përdorimet për pluhurosjen e lëvozhgës ose spërkatës që nuk ngjit për lyerjen e tabakasë së picës
- 1 brumë i bërë vetë,
- 1 spec të kuq mesatar
- domate të thara në diell të paketuara në vaj
- 1 thelpi hudhër, të prerë në katër pjesë
- ons mocarela ose Monterey Jack, të grira
- 4 ons (1/4 paund) chorizo spanjolle gati për t'u ngrënë, e prerë në feta hollë
- 1/2 filxhan ullinj jeshil të prerë në feta
- 3 ons Manchego ose Parmigiana, të rruara në shirita të hollë

Drejtimet

a) Brumë i freskët në një gur pice. Pluhuroni një lëvozhgë pice me miell, vendoseni brumin në qendër. Formoni brumin në një rreth të madh duke e gërmuar me majat e gishtave.

b) Brumë i freskët në një gur pice. Filloni duke pluhurosur një lëvozhgë pice me miell, më pas vendoseni brumin në qendër. Përdorni majat e gishtave për të zbehur brumin, duke e përhapur pak derisa të bëhet një rreth i rrafshuar. Merreni dhe formësoni duke e mbajtur buzën dhe duke e kthyer ngadalë derisa të jetë rreth 14 inç në diametër. E vendosim të lyer me miell poshtë në lëvozhgë.

c) Brumë i freskët në një fletë pjekjeje. Lyejeni një tepsi për pica me llak që nuk ngjit. Vendoseni brumin në tepsi ose në fletën e pjekjes, groposeni me majat e gishtave derisa të jetë një rreth i rrafshuar—më pas tërhiqeni dhe shtypeni derisa të formojë një rreth 14 inç në tepsi ose një drejtkëndësh të parregullt 12 × 17 inç në fletën e pjekjes. Një kore e pjekur. Vendoseni në një lëvozhgë pice të lyer me miell nëse përdorni një gur pice - ose vendosni koren e pjekur pikërisht në një tabaka pice.

d) Vendoseni piperin në një fletë të vogël pjekjeje me buzë dhe ziejini 4 deri në 6 inç nga një broiler i ngrohur paraprakisht derisa të nxihet përreth, duke e kthyer herë pas here, rreth 4 minuta. Në secilin rast, vendosni piperin e nxirë në një tas të vogël dhe mbylleni fort me mbështjellës plastik ose mbylleni në një qese letre. Lëreni mënjanë për 10 minuta.

e) Qëroni copat e jashtme të nxira nga piperi. Nuk ka nevojë të hiqni çdo pjesë të vogël të zezë.

Kërcelli, bërthama dhe fara e specit para se ta grisni në copa të mëdha. Vendosini këto pjesë në një përpunues ushqimi. Shtoni domatet e thara në diell dhe hudhrat derisa të bëhet një pastë mjaft e lëmuar, duke gërvishtur anët me një shpatull gome sipas nevojës. Përhapeni përzierjen e piperit mbi kore, duke lënë një kufi prej 1/2 inç në buzë. Mbi përzierjen e specit hidhni djathin e grirë dhe më pas rregulloni fetat chorizo mbi picë.

f) Spërkatni ullinjtë mbi byrekun dhe më pas vendosni shiritat e rruar të Manchego-s nëpër tonings.

8. Delicata Squash dhe Chard Pizza

Përbërës

- Miell për të gjitha qëllimet për lëvozhgën e picës ose vaj ulliri për tabakanë e picës
- 1 brumë i bërë vetë
- 1 lugë gjelle gjalpë pa kripë
- qepë e vogël e verdhë, e copëtuar (rreth 1/2 filxhan)
- filxhan kungull delicata me fara dhe të prera në kubikë (2 ose 3 kunguj të mesëm)
- 4 filxhanë gjethe chard zviceriane të copëtuara me kërcell
- 1/4 filxhan verë të bardhë të thatë ose vermut të thatë
- lugë gjelle shurup panje
- 1 lugë çaji gjethe sherebele të grira
- 1/2 lugë çaji kanellë të bluar
- 1/2 lugë çaji kripë
- 1/2 lugë çaji piper i zi i sapo bluar
- 8 okë Fontina, të grira

Drejtimet

a) Brumë i freskët në një gur pice. Pluhuroni një lëvozhgë pice me miell, vendoseni brumin në qendër. Formoni brumin në një rreth të madh duke e gërmuar me majat e gishtave.

b) Brumë i freskët në një gur pice. Lëkurën e picës e pudrosni lehtë me miell. Shtoni brumin dhe formoni një rreth të madh duke e gërmuar me majat e gishtave. Merreni atë me të dyja duart në skajin e tij dhe rrotullojeni ngadalë, duke e lënë gravitetin të zgjasë rrethin ndërsa ju bëni këtë edhe në skajin e tij, derisa të jetë rreth 14 inç në diametër. Vendoseni brumin e formuar me anën e miellit poshtë në lëvozhgë.

c) Brumë i freskët në një tabaka pice. Lyejmë lehtë tavën ose fletën e pjekjes me pak vaj ulliri. Vendoseni brumin në qendër dhe groposni brumin me majat e gishtave për ta rrafshuar në një rreth të trashë—më pas tërhiqeni dhe shtypeni derisa të formojë një rreth 14 inç në tepsi ose një drejtkëndësh të parregullt 12 × 7 inç në fletën e pjekjes.

d) Një kore e pjekur. Vendoseni në një lëvozhgë pice të lyer me miell nëse përdorni një gur pice - ose vendosni koren e pjekur në një tabaka pice. Shkrini gjalpin në një tigan të madh të vendosur mbi nxehtësinë mesatare, më pas shtoni qepën dhe gatuajeni, duke e trazuar shpesh, derisa të bëhet e tejdukshme, rreth 3 minuta. Hidhni kungullin e prerë në kubikë dhe gatuajeni, duke i përzier herë pas here, për 4 minuta. Shtoni drithin e grirë dhe derdhni verën ose vermutin. Përziejini vazhdimisht derisa të zbehet pjesërisht, më pas hidhni shurupin e panjeve, sherebelën, kanellën, kripën dhe piperin.

e) Hidheni mirë, mbulojeni, zvogëloni nxehtësinë në të ulët dhe gatuajeni, duke i përzier herë pas here, derisa drithi dhe kungulli të zbuten dhe lëngu të ketë avulluar në një lustër, rreth 8 minuta. Përhapeni Fontinën e copëtuar në mënyrë të barabartë mbi kore, duke lënë një kufi prej 1/2 inç rreth buzës së saj.

f) Hidhni me lugë kungujt dhe majat e drithit në mënyrë të barabartë mbi djathë. Rrëshqiteni koren nga lëvozhga dhe mbi gurin e ndezur ose vendoseni byrekun në tepsi ose tepsi në furrë ose mbi pjesën e panxehur të skarës. Piqni ose piqni në skarë me kapak të mbyllur derisa djathi të flluskojë dhe korja të ketë marrë një kafe të artë, 16 deri në 18 minuta.

g) Rrëshqiteni lëvozhgën përsëri nën kore për ta hequr nga guri dhe për të ftohur për 5 minuta, ose transferojeni byrekun në tepsi ose tepsi në një raft teli për t'u ftohur për 5 minuta.

9. Pica Confit Duck

Përbërës

- Miell për të gjitha qëllimet për lëvozhgën e picës ose spërkatës që nuk ngjit për tabakën e picës
- 1 brumë i bërë vetë
- 4 ons (1/4 paund) Gruyère, i grirë
- 1/3 filxhan fasule të bardha të konservuara, të kulluara dhe të shpëlarë
- 1 kokë hudhër të pjekur
- 2 lugë gjelle gjethe sherebele të grira ose 1 lugë gjelle sherebelë të thatë
- 2 lugë çaji gjethe trumze me kërcell ose 1 lugë çaji trumzë të thatë
- 1/2 lugë çaji kripë
- 1/2 lugë çaji piper i zi i sapo bluar
- Këmbët e rosës prej 4 ons, të zhveshur nga kockat dhe mishi i copëtuar
- 2 oz kielbasa të tymosur, gati për t'u ngrënë, të prera hollë
- 1 1/2 ons Parmigiana, e grirë imët

Drejtimet

a) Brumë i freskët në një gur pice. Pluhuroni një lëvozhgë pice me miell, vendoseni brumin në qendër. Formoni brumin në një rreth të madh duke e gërmuar me majat e gishtave.

b) Brumë i freskët në një gur pice. Pasi të keni spërkatur me miell lëvozhgën e picës, vendoseni brumin në qendër dhe zvogëloni brumin me majat e gishtave, duke e shtrirë derisa të bëhet një rreth i rrafshuar dhe i valëzuar. Merrni atë nga skaji i tij dhe rrotullojeni ngadalë në duar, duke e shtrirë skajin ndërsa e bëni këtë, derisa të jetë një rreth rreth 14 inç në diametër. Vendoseni brumin me anë të miellit poshtë në lëvozhgë.

c) Brumë i freskët në një tabaka pice. Lyejeni ose me llak që nuk ngjit dhe vendoseni brumin në qendër. Zbutni brumin me majat e gishtave—më pas tërhiqeni dhe shtypni brumin derisa të formojë një rreth 14 inç në tepsi ose një drejtkëndësh të parregullt, rreth 12 inç i gjatë dhe 7 inç i gjerë, në fletën e pjekjes. Një kore e pjekur. Vendoseni atë në një lëvozhgë pice të lyer me miell nëse përdorni një gur pice - ose vendosni koren e pjekur në një tabaka pice të lyer me yndyrë.

d) Përhapeni Gruyère-n e copëtuar mbi kore, duke lënë një kufi prej 1/2 inç në buzë. Mbi djathin me fasule, më pas shtrydhni tulin e hudhrës sipër picës. Nëse jeni duke përdorur hudhra të pjekura të blera, ndani thelpinj në katër pjesë në mënyrë që ato të mund të spërkaten mbi byrekë. Spërkateni me sherebelë, trumzë, kripë dhe piper.

e) Rregulloni mishin e grirë të konfit të rosës dhe rrumbullakët kielbasa mbi byrekë, më pas vendosni sipër parmigianën e grirë. Rrëshqitni byrekun nga lëvozhga mbi gurin e ndezur ose vendoseni byrekun në tabaka e picës ose në furrë ose në pjesën e pa ngrohur të grilës së skarës.

f) Piqni ose piqni në skarë me kapak të mbyllur derisa korja të jetë skuqur lehtë dhe disi e fortë në prekje, 16 deri në 18 minuta. Nëse ndonjë flluskë ajri shfaqet rreth skajeve të brumit të freskët, shpojini ato me një pirun.

10.   Pica me qofte

Përbërës

- Ose miell për të gjitha përdorimet për lëvozhgën e picës ose vaj ulliri për tabakanë e picës
- 1 brumë i bërë vetë
- 8 ons (1/2 paund) mish viçi i imët
- 1/4 filxhan gjethe majdanozi të grira
- 2 lugë gjelle thërrime buke të thata të thjeshta
- 1/2 ons Asiago, Grana Padano, ose Pecorino, i grirë imët
- 2 lugë çaji gjethe rigon të grira ose 1 lugë çaji rigon të thatë
- 1/2 lugë çaji fara kopër
- 1/4 lugë çaji kripë
- 1/4 lugë çaji piper i zi i sapo bluar 5 thelpinj hudhre të grira
- 1 luge vaj ulliri
- 1 qepë e vogël e verdhë, e copëtuar (rreth 1/2 filxhan)

- Domate të grimcuara mund të 14 ons
- 1 lugë çaji gjethe trumze me kërcell
- 1/4 lugë çaji arrëmyshk i grirë ose i bluar dhe 1/4 lugë çaji karafil të bluar
- 1/4 lugë çaji thekon piper të kuq
- Mocarela 6 ons, e grirë
- 2 ons Parmigiana, e rruar në shirita të hollë

Drejtimet

a) Brumë i freskët në një gur pice. Lëkurën e picës e pudrosni me miell, vendoseni brumin në qendër dhe formoni brumin në një rreth të madh duke e gërmuar me majat e gishtave. Merrni atë dhe formësoni duke e mbajtur buzën dhe duke e rrotulluar, gjatë gjithë kohës duke e shtrirë butësisht, derisa të jetë rreth 14 inç në diametër. E vendosim të lyer me miell poshtë në lëvozhgë.

b) Brumë i freskët në një tabaka pice. Lyejeni pak vaj ulliri në një peshqir letre dhe lyejeni tavën me yndyrë. Vendoseni brumin në mes dhe zvogëloni brumin me majat e gishtave derisa të jetë një rreth i rrafshuar—më pas tërhiqeni dhe shtypeni derisa të formojë një rreth 14 inç në tepsi ose një drejtkëndësh të parregullt 12 × 7 inç në fletën e pjekjes.

c) Vendoseni atë në një lëvozhgë pice të lyer me miell nëse përdorni një gur pice - ose vendosni koren e pjekur në një tabaka pice të lyer me yndyrë.

d) Përzieni mishin e bluar, majdanozin, thërrimet e bukës, djathin e grirë, rigonin, farat e koprës, 1/2 lugë çaji kripë, 1/2 lugë çaji piper dhe 1 thelpi hudhër të grirë në një tas të madh derisa të kombinohen mirë. Formoni 10 qofte, duke përdorur rreth 2 lugë gjelle nga përzierja për secilën.

e) Ngrohni vajin e ullirit në një tenxhere të madhe mbi nxehtësinë mesatare. Shtoni qepën dhe 4 thelpinjtë e mbetur të hudhrës së grirë, duke i përzier shpesh, derisa të zbuten, për rreth 3 minuta.

f) Përzieni domatet e shtypura, trumzën, arrëmyshkun, karafilin, thekonet e specit të kuq, kripën e mbetur 1/4 lugë çaji dhe 1/4 lugë çaji të mbetur piper. Shtoni qoftet dhe lërini të ziejnë.

g) Ulni zjarrin në minimum dhe ziejini pa mbuluar derisa salca të trashet dhe qoftet të jenë zier, rreth 20 minuta. Ftoheni në temperaturën e dhomës për 20 minuta.

h) Përhapeni mocarelën e copëtuar mbi koren e përgatitur, duke lënë një kufi prej 1/2 inç në buzë. Hiqni qoftet nga salca e domates dhe lërini mënjanë. Hidhni me lugë dhe përhapni salcën e domates mbi djathë duke u kujdesur që kufiri të mos jetë i paprekur.

i) Pritini çdo qofte përgjysmë dhe vendosni gjysmat e prera poshtë në të gjithë byrekun. Hidhni sipër specin zile të prerë në kubikë dhe më pas Parmigianën e rruar. Rrëshqiteni picën nga lëvozhga në gurin e nxehtë ose vendoseni picën në tepsi ose tepsi ose në furrë ose mbi pjesën e pa ngrohur të grilës.

j) Piqni ose piqni në skarë me kapak të mbyllur derisa salca të flluskojë dhe korja të ketë marrë ngjyrë kafe të artë, 16 deri në 18 minuta. Rrëshqiteni lëvozhgën përsëri nën kore për ta hequr nga guri i nxehtë ose transferojeni byrekun në tabaka në një raft teli. Ftoheni për 5 minuta përpara se ta prisni në feta.

11. Pica meksikane me karkaleca

Përbërës

- Miell për të gjitha qëllimet për të pluhurosur ëvozhgën e picës ose spërkatës që nuk ngjit për të yndyrosur tabakanë e picës
- 1 brumë i bërë vetë,
- 6 ons karkaleca të mesme (rreth 30 për kile), të qëruara dhe të shpuara
- 8 ons ($^{1/2}$ paund) domate qershi, të grira
- 1 qepe e mesme, e grirë
- 1 $^{1}/2$ lugë gjelle gjethe cilantro të grira
- 1 lugë gjelle vaj ulliri ekstra të virgjër
- 1 lugë çaji uthull vere të kuqe
- 1/4 lugë çaji kripë
- 6 ons Cheddar, i grirë
- 1 jalapeño turshi në kavanoz mesatar, me fara dhe të grirë
- 1 lugë çaji fara qimnoni, të grimcuara

Drejtimet

a) Brumë i freskët në një gur pice. Pluhuri një lëvozhgë pice me miell, vendoseni brumin në qendër dhe formoni brumin në një rreth të madh e të rrafshuar duke e gërmuar me majat e gishtave. Merreni dhe formësoni duke e mbajtur buzën dhe duke e kthyer ngadalë dhe shtrirë brumin derisa të jetë rreth 14 inç në diametër. E vendosim të lyer me miell poshtë në lëvozhgë.

b) Brumë i freskët në një tabaka pice. Lyejeni ose me llak që nuk ngjit, më pas vendoseni brumin në qendër. Zbutni brumin me majat e gishtave - më pas tërhiqeni dhe shtypni brumin derisa të formojë një rreth me diametër rreth 14 inç në tepsi ose një drejtkëndësh të parregullt 12 × 7 inç në fletën e pjekjes. Një kore e pjekur. Vendoseni atë në një lëvozhgë pice nëse përdorni një gur pice - ose vendosni koren e pjekur pikërisht në një tabaka pice.

c) Vendosni një tenxhere të mesme me një avull perimesh. Shtoni një centimetër ujë (por jo në mënyrë që uji të hyjë në avull) në tigan dhe vendoseni ujin të vlojë mbi nxehtësinë e lartë. Shtoni karkalecat, mbulojeni, ulni zjarrin në minimum dhe ziejini me avull derisa të marrin ngjyrë rozë dhe të fortë, rreth 3 minuta. Hiqini dhe freskoni nën ujë të ftohtë për të ndaluar gatimin e tyre. Pritini në copa të madhësisë së një kafshimi. Përzieni domatet qershi, qepujt, cilantron, vajin e ullirit, uthullën dhe kripën në një tas të vogël. Përhapeni këtë përzierje mbi koren e përgatitur, duke lënë një kufi prej 1/2 inç në buzë.

d) Hidhni sipër çedarin e grirë, më pas spërkatni karkalecat e copëtuara, jalapeñon e grirë dhe farat e grimcuara të qimnonit. Rrëshqitni picën nga lëvozhga te guri i nxehtë ose vendoseni byrekun në tepsi ose tepsi ose në furrë ose në pjesën e grilës që nuk është drejtpërdrejt mbi burimin e nxehtësisë ose mbi qymyr. Piqeni ose grijini me kapak të mbyllur derisa korja të marrë ngjyrë të artë dhe djathi të jetë shkrirë, 16 deri në 18 minuta. Nëse punoni me brumë të freskët, qoftë i bërë vetë apo i blerë në dyqan, kontrolloni herë pas here që të mund të shponi çdo flluskë ajri që mund të lindë në sipërfaqen e tij. Kur pica të ketë mbaruar, futeni lëvozhgën përsëri poshtë saj për ta hequr nga guri ose transferojeni byrekun në tepsi ose tepsi në një raft teli. Ftoheni për 5 minuta përpara se ta prisni në feta dhe ta shërbeni.

12. Pica Nacho

Përbërës

- Miell misri i verdhë për pluhurosjen e lëvozhgës së picës ose sprej jo ngjitës për lyerjen e tabakasë së picës
- 1 brumë i bërë vetë
- 1 1/4 filxhan fasule të skuqura të konservuara
- 6 ons Monterey Jack, i copëtuar
- 3 domate mesatare kumbulle, të grira
- 1/2 lugë çaji qimnon i bluar
- lugë çaji gjethe rigon të grira ose 1/2 lugë çaji rigon të thatë
- 1/2 lugë çaji kripë
- 1/2 lugë çaji piper i zi i sapo bluar
- 1/3 filxhan salsa
- 1/2 filxhan salcë kosi të rregullt ose me pak yndyrë
- Feta jalapeño turshi në kavanoz, për shije

Drejtimet

a) Brumë i freskët në një gur pice. Pluhuroni një lëvozhgë pice me miell misri, vendoseni brumin në qendër dhe formoni brumin në një rreth të madh duke e gërmuar me majat e gishtave. Merrni atë dhe formësoni me duart tuaja në buzë, duke e kthyer ngadalë brumin derisa të jetë rreth 14 inç në diametër. Vendoseni nga ana e miellit të misrit poshtë në lëvozhgë.

b) Brumë i freskët në një tabaka pice. Lyejeni tavën ose fletën e pjekjes me llak që nuk ngjit. Vendoseni brumin në qendër dhe groposeni brumin me majat e gishtave derisa të jetë një rreth i madh dhe i rrafshuar—më pas tërhiqeni dhe shtypni derisa të formojë një rreth 14 inç në tabaka ose një drejtkëndësh të parregullt, rreth 12 × 7 inç, në Flete gatuese.

c) Një kore e pjekur. Vendoseni atë në një lëvozhgë pice nëse përdorni një gur pice - ose vendosni koren e pjekur pikërisht në një tabaka pice. Përdorni një shpatull gome për të përhapur fasulet e skuqura mbi kore, duke e mbuluar në mënyrë të barabartë, por duke lënë një kufi prej 1/2 inç në buzë. Sipër fasulet me Monterey Jack të grirë.

d) Përzieni domatet e copëtuara, qimonin, rigonin, kripën dhe piperin në një tas të madh, më pas shpërndajeni në mënyrë të barabartë mbi djathë. Vendoseni salsën në lugë të vogla mbi kore. Rrëshqiteni picën nga lëvozhga në gurin e ndezur ose vendoseni byrekun në tepsi ose tepsi në furrë ose në grilë mbi nxehtësinë indirekte. Piqni ose piqni në skarë me kapak të mbyllur derisa djathi të fryjë dhe fasulet të jenë të nxehta,

e) Vendoseni lëvozhgën përsëri nën kore dhe lëreni mënjanë ose transferojeni byrekun në tepsi ose tepsi në një raft teli. Ftoheni për 5 minuta. Për një kore më të freskët, hiqni picën nga lëvozhga, tabaka ose tepsi pas një ose dy minutash për ta lënë të ftohet drejtpërdrejt në raftin e telit.

f) Mbushni byrekun me salcë kosi dhe me aq feta jalapeño sa të doni përpara se ta prisni dhe ta shërbeni.

13. Pica me bizele dhe karrota

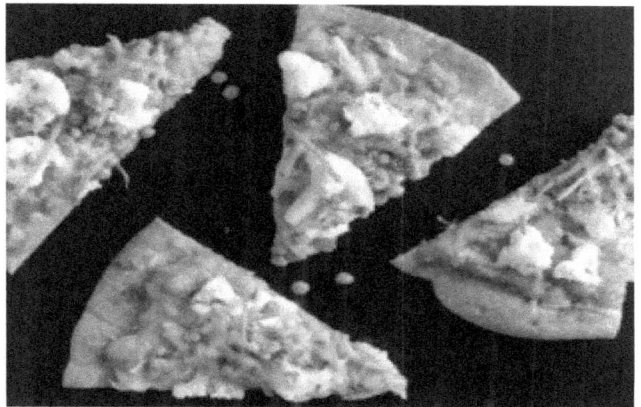

Përbërës

- Miell për të gjitha qëllimet për lëvozhgën e picës ose spërkatës që nuk ngjit për tabakën e picës
- 1 brumë i bërë vetë
- 2 lugë gjalpë pa kripë
- 11/2 lugë miell për të gjitha qëllimet
- 1/2 filxhan qumësht i plotë, me pak yndyrë ose pa yndyrë
- 1/2 filxhan krem i rëndë, i rrahur ose i lehtë 3 ons
- 2 lugë çaji gjethe trumze me kërcell ose 1 lugë çaji trumzë të thatë
- 1/2 lugë çaji arrëmyshk i grirë
- filxhan bizele të freskëta të lëvozhga ose bizele të ngrira, të shkrira
- filxhan karota të prera në kubikë (nëse përdorni të ngrira, pastaj të shkrira)
- 3 thelpinj hudhre, te grira
- 1 ons Parmigiana, e grirë imët

Drejtimet

a) Brumë i freskët në një gur pice. Pluhuroni një lëvozhgë pice me miell, vendoseni brumin në qendër dhe zhytni brumin në një rreth të rrafshuar dhe të madh me majat e gishtave. Merrni atë dhe formësoni duke e mbajtur buzën e tij, duke e rrotulluar ngadalë dhe duke e shtrirë butësisht brumin derisa rrethi të jetë rreth 14 inç në diametër. Vendoseni brumin me anë të miellit poshtë në lëvozhgë.

b) Brumë i freskët në një tabaka pice. Lyejeni ose me llak që nuk ngjit, vendoseni brumin në qendër të secilit. Gërmoni brumin me majat e gishtave derisa të jetë një rreth i rrafshuar dhe i shtypur—më pas tërhiqeni dhe shtypeni derisa të formojë një rreth 14 inç në tepsi ose një drejtkëndësh të parregullt 12 × 7 inç në fletën e pjekjes. Një kore e pjekur. Vendoseni në një lëvozhgë pice të lyer me miell nëse përdorni një gur pice - ose vendosni koren e pjekur pikërisht në një tabaka pice. Shkrini gjalpin në një tigan të madh të vendosur mbi nxehtësinë mesatare. Hidhni miellin dhe vazhdoni ta përzieni derisa të bëhet një ngjyrë bezhë e butë dhe shumë e lehtë. Rrihni qumështin në një rrjedhë të ngadaltë dhe të qëndrueshme dhe më pas shtoni kremin. Vazhdoni të trazoni mbi nxehtësinë derisa të trashet, afërsisht si akullore e shkrirë mjaft e hollë. Përzieni djathin e grirë, trumzën dhe arrëmyshkun derisa të jenë të lëmuara. Ftoheni në temperaturën e dhomës për 10 minuta.

c) Ndërkohë, rrëshqitni koren e papaguar nga lëvozhga te guri i nxehur ose vendoseni koren në tabaka e saj ose në furrë ose mbi pjesën e panxehur të grilës së grilit. Piqni ose piqni në skarë me kapak të mbyllur derisa korja sapo të fillojë të ndihet e fortë në skajet e saj dhe sapo të fillojë të skuqet, rreth 10 minuta. Nëse jeni duke përdorur brumë të freskët, do t'ju duhet të hapni çdo flluskë ajri që mund të lindë mbi sipërfaqen e tij ose në skajet e tij ndërsa piqet. Rrëshqiteni lëvozhgën mbrapsht nën koren e pjekur pjesërisht dhe hiqeni nga furra ose grila - ose përndryshe transferojeni koren në tepsi ose tepsi në një raft teli.
d) Përhapeni salcën e trashë me bazë qumështi mbi kore, duke lënë një kufi prej 1/2 inç në buzë. Mbi salcën hidhni bizelet dhe karotat, më pas spërkatni hudhrat në mënyrë të barabartë mbi byrekun. Në fund, spërkatni Parmigianën e grirë mbi toppings.

14. Pica Philly Cheesesteak

Përbërës

- Miell për të gjitha qëllimet për lëvozhgën e picës ose spërkatës që nuk ngjit për tabakën e picës
- 1 brumë i bërë vetë,
- 1 lugë gjelle gjalpë pa kripë
- 1 qepë e vogël e verdhë, e përgjysmuar përmes kërcellit dhe e prerë në feta hollë
- 1 spec jeshil i vogël zile, i prerë me fara dhe i prerë në feta shumë të hollë
- 2 lugë salcë Worcestershire
- Disa pika salcë me piper të kuq të nxehtë
- 6 lugë salcë klasike të picës
- 8 ons (1/2 paund) mocarela, e grirë
- 6 ons deli mish viçi i pjekur, letër e rruar hollë dhe e prerë në shirita
- Provolone 3 ons, e grirë

Drejtimet

a) Brumë i freskët në një gur pice. Lëkurën e picës e pudrosni lehtë me miell. Shtoni brumin dhe formoni një rreth të madh duke e gërmuar me majat e gishtave. Merrni atë nga skaji i saj dhe jepni formë duke e kthyer ngadalë dhe duke e shtrirë butësisht derisa të jetë rreth 14 inç në diametër. E vendosim të lyer me miell poshtë në lëvozhgë.

b) Brumë i freskët në një tabaka pice. Lyejeni tavën ose fletën e pjekjes me llak që nuk ngjit. Vendoseni brumin në qendër dhe groposeni me majat e gishtave derisa të bëhet një rreth i shtypur—më pas tërhiqeni dhe shtypni brumin derisa të formojë një rreth me diametër rreth 14 inç në tabaka ose një drejtkëndësh të parregullt, rreth 12 × 7 inç, në Flete gatuese.

c) Një kore e pjekur. Vendoseni në një lëvozhgë pice të lyer me miell nëse përdorni një gur pice - ose vendosni koren e pjekur në një tabaka pice. Shkrini gjalpin në një tigan të madh të vendosur mbi nxehtësinë mesatare. Shtoni qepën dhe piperin e zier, duke i përzier shpesh, derisa të zbuten, rreth 5 minuta. Përzieni salcën Worcestershire dhe salcën e piperit të kuq të nxehtë (për shije). Vazhdoni gatimin derisa lëngu në tigan të zvogëlohet në një lustër, rreth 2 minuta të tjera. Ftoheni në temperaturën e dhomës për 5 minuta. Përdorni një shpatull gome për të përhapur salcën e picës mbi koren e përgatitur, duke lënë një kufi prej 1/2 inç në buzë. Hidhni sipër mocarelën e grirë.

d) Vendosni shiritat e mishit të pjekur në mënyrë të barabartë mbi byrekë, më pas hidhni me lugë dhe shpërndani përzierjen e perimeve mbi viçin. Sipër i hidhni provolonen e grirë.

e) Rrëshqiteni picën nga lëvozhga në gurin e nxehtë ose vendoseni picën në tepsi ose tepsi ose në furrë ose mbi pjesën e grilës që nuk është e duhur mbi burimin e nxehtësisë.

f) Piqeni ose piqni në skarë me kapak të mbyllur derisa korja të marrë ngjyrë të artë, të skuqet në mënyrë të barabartë në pjesën e poshtme të saj dhe djathi të jetë shkrirë dhe madje ka filluar të marrë një kafe shumë të lehtë, rreth 18 minuta.

g) Një ose dy herë, kontrolloni brumin e freskët, qoftë të bërë vetë apo të blerë në dyqan, për të shpuar çdo flluskë ajri që mund të lindë në sipërfaqen e tij, veçanërisht në buzë.

15.   Pica polineziane

Përbërës

- Miell për të gjitha qëllimet për të pluhurosur lëvozhgën e picës ose spërkatës që nuk ngjit për të yndyrosur tabakanë e picës
- 1 brumë i bërë vetë
- 3 lugë salcë soje e ëmbël e trashë
- Mocarela 6 ons, e grirë
- 3 ons proshutë kanadeze, të prera në kubikë
- 1 filxhan copa ananasi të freskët
- 1/2 filxhan qepë të prera hollë
- lugë fara susami

Drejtimet

a) Brumë i freskët në një gur pice. Pluhuri një lëvozhgë pice me miell, vendoseni brumin në qendër dhe formoni brumin në një rreth të madh e të rrafshuar duke e gërmuar me majat e gishtave. Merrni atë nga skaji dhe shtrijeni duke e rrotulluar derisa të jetë rreth 14 inç në diametër. Vendoseni brumin e formuar me anën e miellit poshtë në lëvozhgë.

b) Brumë i freskët në një tabaka pice. Lyejeni tavën ose fletën e pjekjes me llak që nuk ngjit. Vendoseni brumin në qendër të secilit prej tyre dhe zvogëloni brumin me majat e gishtave—më pas tërhiqeni dhe shtypni derisa të formojë një rreth 14 inç në tepsi ose një drejtkëndësh të parregullt 12 × 7 inç në fletën e pjekjes.
c) Një kore e pjekur. Vendoseni në një lëvozhgë pice të lyer me miell nëse përdorni një gur pice - ose vendosni koren e pjekur në një tabaka pice.
d) Përhapeni salcën e sojës në mënyrë të barabartë mbi brumë, duke lënë një kufi prej 1/2 inç në buzë. Spërkateni mocarelën e grirë në mënyrë të barabartë mbi salcë.
e) Mbi picën me proshutë kanadeze, copa ananasi dhe qepë të prera në feta—më pas spërkatni farat e susamit në mënyrë të barabartë mbi byrekun.
f) Rrëshqitni koren nga lëvozhga te guri shumë i nxehtë ose vendoseni byrekun në tepsi ose tepsi në furrë ose në skarë mbi pjesën e pa ngrohur. Piqni ose piqni në skarë me kapak të mbyllur derisa djathi të shkrihet dhe korja të marrë ngjyrë kafe të artë, 16 deri në 18 minuta.
g) Rrëshqiteni lëvozhgën përsëri nën kore për ta hequr nga guri i nxehtë ose transferojeni byrekun në tepsi ose tepsi në një raft teli. Ftoheni picën në lëvozhgë ose në raftin e

pjekjes për 5 minuta përpara se ta prisni në feta. Për të siguruar që korja të mbetet krokante, transferojeni picën nga lëvozhga, tabaka ose tepsi drejt e në raftin e telit pas një minute apo më shumë.

16. Pica byreku me tenxhere

Përbërës

- Miell misri i verdhë për lëvozhgën e picës ose spërkatës jo ngjitës për tabakanë e picës
- 1 brumë i bërë vetë
- 1 lugë gjelle gjalpë pa kripë
- 1 1/2 lugë miell për të gjitha qëllimet
- 1 filxhan qumësht i plotë, me pak yndyrë ose pa yndyrë, në temperaturë dhome
- 1 lugë gjelle mustardë Dijon
- 1 1/2 lugë çaji gjethe trumze me kërcell ose 1 lugë çaji trumzë të thatë
- 1 lugë çaji gjethe sherebele të grira ose 1/2 lugë çaji sherebelë të thatë
- 1 filxhan mish pule ose gjeldeti i prerë, i pastruar nga lëkura, i pa kockat
- 2 gota perime të përziera të ngrira, të shkrira
- 2 lugë çaji salcë Worcestershire
- 1/2 lugë çaji kripë
- 1/2 lugë çaji piper i zi i sapo bluar

- Disa pika salcë me piper të kuq të nxehtë
- 6 ons Gouda, Emmental, Swiss ose Cheddar, të grira

Drejtimet

a) Brumë i freskët në një gur pice. Filloni duke pluhurosur një lëvozhgë pice me miell misri, më pas vendoseni brumin në qendër. Zhyteni brumin me majat e gishtave në një rreth të madh e të rrafshuar—më pas kapeni, mbajeni nga buza dhe rrotullojeni përpara jush, duke e shtrirë gjatë gjithë kohës butësisht derisa të jetë rreth 14 inç në diametër. Vendoseni brumin e formuar nga ana e miellit të misrit poshtë në lëvozhgë.

b) Brumë i freskët në një tabaka pice. Lyejeni njërën ose tjetrën me llak që nuk ngjit. Vendoseni brumin në qendër të secilit prej tyre dhe zvogëloni brumin me majat e gishtave—më pas tërhiqeni dhe shtypni derisa të formojë një rreth me diametër rreth 14 inç në tepsi ose një drejtkëndësh të parregullt 12 × 7 inç në fletën e pjekjes.

c) Një kore e pjekur. Vendoseni atë në një lëvozhgë pice të pluhurosur me miell misri nëse përdorni një gur pice - ose vendosni koren e pjekur pikërisht në një tabaka pice.

d) Shkrini gjalpin në një tenxhere të madhe mbi nxehtësinë mesatare. Rrihni miellin derisa të jetë mjaft i qetë, më pas vazhdoni ta përzieni mbi nxehtësi derisa të marrë një bjonde të lehtë, rreth
e) sekonda.
f) Rrihni qumështin në një rrjedhë të ngadaltë dhe të qëndrueshme. Vazhdoni të përzieni në zjarr derisa të trashet, pothuajse si akullore e shkrirë. Hidhni mustardën dhe barishtet.
g) Hiqeni tiganin nga zjarri dhe përzieni mishin dhe perimet, më pas përzieni salcën Worcestershire, kripë, piper dhe salcë piper të kuq djegës (për shije).
h) Përzieni djathin e grirë derisa gjithçka të jetë uniforme dhe të lyhet me salcë.
i) Përhapeni në mënyrë të barabartë mbi kore, duke lënë një kufi 1/2 inç në buzë.
j) Rrëshqiteni koren nga lëvozhga dhe mbi gur, ose vendoseni byrekun në tepsi ose tepsi në furrë ose mbi pjesën e panxehur të skarës. Piqeni ose grijini me kapak të mbyllur derisa mbushja të flluskojë dhe korja të ketë marrë një kafe të artë dhe të jetë disi e fortë në prekje, rreth 18 minuta. Kontrolloni herë pas here një byrek me brumë të freskët për t'u siguruar që nuk ka flluska ajri në kore që formohen.

k) Rrëshqiteni lëvozhgën përsëri nën kore për të hequr byrekun nga guri ose transferojeni byrekun në tepsi ose tepsi në një raft teli. Lëreni mënjanë të ftohet për 5 minuta përpara se ta prisni në feta. Nëse dëshironi, transferojeni byrekun direkt në raftin e telit pas një minute ose më shumë për ta lënë koren të ftohet pak pa u mbështetur në një sipërfaqe tjetër të nxehtë.

17. Patate, qepë dhe Pica Chutney

Përbërës

- Miell për të gjitha qëllimet për të pluhurosur lëvozhgën e picës ose spërkatës që nuk ngjit për të yndyrosur tabakanë e picës

- 1 brumë i bërë vetë

- 12 ons (3 /4 paund) patate të bardha të ziera, të tilla si këpucarët irlandezë, të qëruara

- 6 lugë çatney mango, boronicë ose ndonjë tjetër me bazë frutash

- chutney

- 6 ons Monterey Jack, i grirë

- 3 lugë gjelle kopër të grirë ose 1 lugë gjelle kopër të thatë

- 1 qepë e madhe e ëmbël, si një Vidalia

Drejtimet

a) Brumë i freskët në një gur pice. Lëkurën e picës e pudrosni lehtë me miell. Shtoni brumin dhe formoni një rreth të madh duke e gërmuar me majat e gishtave. Merrni atë, mbajeni buzën e tij dhe rrotullojeni ngadalë, duke e shtrirë gjatë gjithë kohës, derisa të jetë rreth 14 inç në diametër. Vendoseni brumin me anë të miellit poshtë në lëvozhgë.

b) Brumë i freskët në një tabaka pice. Lyejeni tavën ose fletën e pjekjes me llak që nuk ngjit. Vendoseni brumin në qendër të një gropëzimi të brumit me majat e gishtave derisa të jetë një rreth i trashë dhe i rrafshuar—më pas tërhiqeni dhe shtypni brumin derisa të formojë një rreth 14 inç në tabaka ose një drejtkëndësh të parregullt 12 × 7 inç në Flete gatuese.

c) Një kore e pjekur. Vendoseni në një lëvozhgë pice nëse përdorni një gur pice - ose vendosni koren e pjekur në një tabaka pice. Ndërsa furra ose skara nxehet, sillni rreth 1 inç ujë të ziejë në një tenxhere të madhe të pajisur me një avullore perimesh. Shtoni patatet, mbulojeni, zvogëloni nxehtësinë në mesatare dhe ziejini derisa të zbuten kur shpohen me pirun, rreth 10 minuta. Transferoni në një kullesë të vendosur në lavaman dhe ftohuni për 5 minuta, më pas priteni në copa shumë të holla.

d) Përhapeni chutney-n në mënyrë të barabartë mbi koren e përgatitur, duke lënë rreth 1/2 inç në buzë. Spërkateni në mënyrë të barabartë me Monterey Jack të grirë. I vendosim fetat e patateve në mënyrë të barabartë dhe dekorative mbi byrekun, më pas i spërkasim me kopër. Pritini qepën në gjysmë përmes kërcellit të saj. Vendoseni anën e prerë poshtë në dërrasën tuaj prerëse dhe përdorni një thikë shumë të mprehtë për të bërë feta të holla si letra. Ndani këto feta në shiritat e tyre individualë dhe vendosini mbi byrekë.

e) Rrëshqiteni byrekun nga lëvozhga te guri shumë i nxehtë, duke u kujdesur që të mbani majat në vend ose vendoseni byrekun në tepsi ose tepsi ose në furrë ose në pjesën e grilës së grilës që nuk është drejtpërdrejt mbi nxehtësinë. burimi. Piqni ose piqni në skarë me kapak të mbyllur derisa korja të jetë skuqur lehtë në buzë, edhe më të errët në pjesën e poshtme të saj, 16 deri në 18 minuta. Nëse lindin ndonjë flluskë ajri në buzë ose në mes të brumit të freskët, grijini ato me një pirun për të krijuar një kore të barabartë.

f) Rrëshqiteni lëvozhgën nën byrekun e nxehtë në gur ose transferojeni byrekun në tepsi ose në fletën e pjekjes në një raft teli. Lëreni mënjanë të ftohet për 5 minuta përpara se ta prisni në feta dhe ta servirni.

18. Pica proshuto dhe rukola

Përbërës

- Miell për të gjitha qëllimet për lëvozhgën e picës ose vaj ulliri për tabakanë e picës
- 1 brumë i bërë vetë
- 1/4 filxhan salcë klasike pica
- Mocarela e freskët 3 ons, e prerë në feta hollë
- 1/2 filxhan gjethe rukole të paketuara, kërcell të trashë të hequr 2 ons proshuto,
- lugë gjelle uthull balsamike

Drejtimet

a) Brumë i freskët në një gur pice. Pluhuri një lëvozhgë pice me miell, vendoseni brumin në qendër dhe zhytni brumin në një rreth të madh e të rrafshuar me majat e gishtave. Merrni atë dhe formësoni me duar, duke mbajtur buzën, duke e kthyer ngadalë dhe duke e shtrirë derisa të jetë rreth 14 inç në diametër. Vendoseni brumin e formuar me anën e miellit poshtë në lëvozhgë.

b) Brumë i freskët në një tabaka pice. Lyejeni ose lehtë me pak vaj ulliri të lyer në një peshqir letre. Vendoseni brumin në tepsi ose fletën e pjekjes, zbehni brumin me majat e gishtave— më pas tërhiqeni dhe shtypeni derisa të formojë një rreth 14 inç në tepsi ose një drejtkëndësh 12 × 7 inç mjaft të parregullt në fletën e pjekjes.

c) Vendoseni në një lëvozhgë pice të lyer me miell nëse përdorni një gur pice - ose vendosni koren e pjekur në një tabaka pice. Përhapeni salcën e picës në mënyrë të barabartë mbi kore, duke lënë një kufi prej 1/2 inç në buzë. Vendosini fetat e mocarelës në mënyrë të barabartë mbi byrekë, duke e mbajtur atë kufi të pastër.

d) Shtroni gjethet e rukolës sipër byrekut, më pas vendosni sipër shiritat e proshutës. Rrëshqiteni picën nga lëvozhga në gurin e nxehtë ose vendoseni byrekun në tepsi ose në tepsi me picën ose në furrë ose në pjesën e grilës që nuk është drejtpërdrejt mbi burimin e nxehtësisë.

e) Piqni ose piqni në skarë me kapak të mbyllur derisa korja të jetë e artë si dhe paksa e fortë dhe djathi të jetë shkrirë, 14 deri në 16 minuta. Nëse punoni me brumë të freskët, kontrolloni atë gjatë 10 minutave të para në mënyrë që të mund të hapni çdo flluskë që mund të lindë, veçanërisht në buzë. Rrëshqiteni lëvozhgën nën byrekun e nxehtë për ta hequr nga guri ose transferojeni byrekun në tepsi ose tepsi në një raft teli. E lyejmë byrekun me uthull balsamike dhe më pas e lëmë të ftohet për 5 minuta përpara se ta presim në feta.

19.   Pica Ruben

Përbërës

- Ose miell për të gjitha përdorimet për lëvozhgën ose spërkatës që nuk ngjit për tepsin e picës ose fletën e pjekjes
- 1 brumë i bërë vetë
- 3 lugë gjelle mustardë
- 1 filxhan lakër turshi të kulluar
- 6 ons zvicerane, Emmental, Jarlsberg ose Jarlsberg Light, të copëtuara
- 4 oce mish viçi të zier, të prerë në feta të trasha dhe të copëtuara

Drejtimet

a) Brumë i freskët në një gur pice. Pluhuroni një lëvozhgë pice me miell, vendoseni brumin në qendër. Formoni brumin në një rreth të madh duke e gërmuar me majat e gishtave.
b) Merrni atë dhe formësoni me duar, duke mbajtur buzën e tij, duke e kthyer ngadalë brumin dhe duke shtrirë butësisht buzën e tij derisa të jetë rreth 14 inç në diametër. E vendosim të lyer me miell poshtë në lëvozhgë.

c) Brumë i freskët në një tabaka pice. Lyejeni secilën prej tyre me llak që nuk ngjit. Vendoseni brumin në qendër të secilit prej tyre dhe zvogëloni brumin me majat e gishtave derisa të jetë një rreth i trashë dhe i rrafshuar - më pas tërhiqeni dhe shtypni brumin derisa të formojë një rreth 14 inç në tabaka e picës ose një drejtkëndësh të parregullt 12 × 7 inç në fletën e pjekjes.

d) Një kore e pjekur. Vendoseni atë në një lëvozhgë pice nëse përdorni një gur pice - ose vendosni koren e pjekur pikërisht në një tabaka pice.

e) Përhapeni mustardën në mënyrë të barabartë mbi koren e përgatitur, duke lënë një kufi prej 1/2 inç në buzë. Përhapeni lakër turshi në mënyrë të barabartë mbi mustardën.

f) Mbi byrekun hidhet djathi i grirë dhe me pas mishi i grirë i grirë. Rrëshqitni me kujdes picën nga lëvozhga te guri i ndezur ose vendoseni byrekun në tepsi ose tepsi në furrë ose mbi pjesën e grilës së grilës, jo drejtpërdrejt mbi nxehtësinë ose thëngjillin.

g) Piqeni ose grijini me kapak të mbyllur derisa korja të jetë forcuar dhe marrë ngjyrë e artë dhe derisa djathi të jetë shkrirë dhe skuqur pak, 16 deri në 18 minuta. Nëse mbi brumin e freskët lindin ndonjë flluskë ajri, veçanërisht në skajin e tij, grijini ato për një kore të barabartë. Rrëshqiteni lëvozhgën nën picë, duke u kujdesur që të mos e hiqni pjesën e sipërme, të hiqni byrekun nga guri i nxehtë ose ta transferoni byrekun në tepsi ose tepsi në një raft teli. Lëreni mënjanë të ftohet për 5 minuta përpara se ta prisni në feta dhe servireni g.

20. PICA ME RRËNJË TË PJEKURA

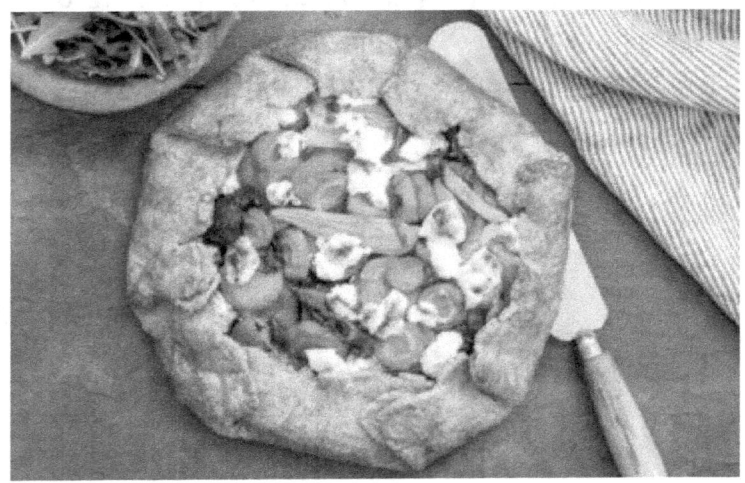

Përbërës

- Miell për të gjitha qëllimet për pluhurosjen e lëvozhgës së picës ose vaj ulliri për lyerjen e tepsisë së picës
- 1 brumë i bërë vetë
- 1/2 kokë hudhër të madhe
- 1/2 patate të ëmbla të vogla, të qëruara, të përgjysmuara për së gjati dhe të prera hollë
- 1/2 llambë e vogël kopër, e përgjysmuar, e prerë dhe e prerë hollë
- 1/2 majdanoz të vegjël, të qëruar, të përgjysmuar për së gjati dhe të prera hollë
- 1 luge vaj ulliri
- 1/2 lugë çaji kripë
- 4 ons (1/4 paund) mocarela, e grirë
- 1 ons Parmigiana, e grirë imët
- 1 lugë gjelle uthull balsamike me shurup

Drejtimet

a) Brumë i freskët në një gur pice. Lëkurën e picës e pudrosni lehtë me miell. Shtoni brumin dhe formoni një rreth të madh duke e gërmuar me majat e gishtave. Merrni atë, mbajeni nga buza e tij me të dyja duart dhe rrotullojeni ngadalë, duke e shtrirë pak buzën çdo herë, derisa rrethi të jetë rreth 14 inç në diametër. Vendoseni anën e lyer me miell poshtë në lëvozhgë.

b) Brumë i freskët në një tabaka pice. Lyejeni tavën ose fletën e pjekjes me pak vaj ulliri të lyer në një peshqir letre. Vendoseni brumin në qendër të një gropëzimi të brumit me majat e gishtave—më pas tërhiqeni dhe shtypeni derisa të formojë një rreth 14 inç në tepsi ose një drejtkëndësh të parregullt, rreth 12 × 7 inç, në fletën e pjekjes.

c) Një kore e pjekur. Vendoseni në një lëvozhgë pice të lyer me miell nëse përdorni një gur pice - ose vendosni koren e pjekur pikërisht në një tabaka pice.

d) Mbështillini thelpinjtë e hudhrës së paqëruar në një pako të vogël letre alumini dhe piqini ose piqini në skarë direkt mbi nxehtësi për 40 minuta.

e) Ndërkohë, hidhni pataten e ëmbël, kopër dhe majdanoz në një tas të madh me vaj ulliri dhe kripë. Derdhni përmbajtjen e tasit në një fletë të madhe pjekjeje. Vendoseni në furrë ose mbi pjesën e panxehur të skarës dhe piqini, duke e kthyer herë pas here, derisa të jetë e butë dhe e ëmbël, për 15 deri në 20 minuta.

f) Transferoni hudhrën në një dërrasë prerëse hapni paketën, duke pasur parasysh avullin. Gjithashtu vendoseni fletën e pjekjes me perimet mënjanë në një raft teli.
g) Rriteni temperaturën e furrës ose të skarës me gaz në 450°F, ose shtoni disa qymyr të tjerë në skarën me qymyr për të rritur pak nxehtësinë.
h) Përhapeni mocarelën e copëtuar mbi korën e përgatitur, duke lënë një kufi prej 1/2 inç në buzë. Mbi djathin me të gjitha perimet shtrydhni hudhrën e butë dhe të butë nga lëvozhga e saj me letër dhe mbi byrekë. Hidhni sipër parmigianën e grirë.
i) Rrëshqitni picën nga lëvozhga te guri i nxehtë ose vendoseni picën në tepsi ose tepsi ose në furrë ose mbi pjesën e panxehur të skarës. Piqeni ose piqeni në skarë me kapak të mbyllur derisa korja të ketë marrë ngjyrë kafe të artë dhe madje të errësohet pak në fund të saj, derisa djathi të shkrihet dhe të fillojë të skuqet, 16 deri minuta. Brumi i freskët mund të krijojë disa flluska ajri gjatë 10 minutave të para; veçanërisht në skajin e saj, i nxirrni me një pirun për të siguruar një kore të barabartë.

j) Rrëshqiteni lëvozhgën përsëri nën kore për ta hequr nga guri i nxehtë ose transferojeni picën në tepsi ose tepsi në një raft teli. Lëreni mënjanë për 5 minuta. Për ta mbajtur koren krokante, mund të dëshironi ta transferoni byrekun nga lëvozhga, tabaka ose fleta e miellit drejt e në raftin e telit për t'u ftohur pas një minute apo më shumë. Pasi të jetë ftohur pak, spërkatni byrekun me uthull balsamike dhe më pas priteni në copa për ta shërbyer.

21. PICA ME SALLAM DHE MOLLË

Përbërës

- Miell misri i verdhë për të pluhurosur lëvozhgën e picës ose spërkatje që nuk ngjit për të yndyrosur tabakanë e picës
- 1 brumë i bërë vetë,
- 1 luge vaj ulliri
- ons (1/2 paund) sallam pule ose gjeldeti
- 1 lugë gjelle mustardë e grirë e trashë
- 6 okë Fontina, të grira
- 1 mollë e vogël jeshile, mundësisht një mollë tartë
- 2 lugë gjelle gjethe rozmarine të copëtuara
- 11/2 ons Parmigiana, Pecorino ose Grana Padano, e grirë imët

Drejtimet

a) Brumë i freskët në një gur pice. Pluhuroni lehtë një lëvozhgë pice me miell misri. Shtoni brumin dhe formoni një rreth të madh duke e gërmuar me majat e gishtave. Merrni atë dhe formësoni duke e mbajtur buzën e tij në të dyja duart, duke e rrotulluar ngadalë dhe duke e shtrirë butësisht gjatë gjithë kohës, derisa rrethi të jetë rreth 14 inç në diametër. Vendoseni anën e miellit të misrit të brumit poshtë në lëvozhgë.

b) Brumë i freskët në një tabaka pice. Lyejeni njërën ose tjetrën me llak që nuk ngjit. Vendoseni brumin në qendër të çdo gropëzimi të brumit me majat e gishtave derisa të bëhet një rreth i trashë dhe i sheshtë. Më pas tërhiqeni dhe shtypeni derisa të formojë një rreth 14 inç në tepsi ose një drejtkëndësh të parregullt 12 × 7 inç në fletën e pjekjes.

c) Një kore e pjekur. Vendoseni atë në një lëvozhgë pice të pluhurosur me miell misri nëse përdorni një gur pice - ose vendosni koren e pjekur në një tabaka pice. Nxehni një tigan të madh mbi nxehtësinë mesatare. Lyejeni vajin e ullirit dhe më pas shtoni salsiçen. Gatuani, duke e kthyer herë pas here, derisa të skuqet mirë nga të gjitha anët dhe të gatuhet. Transferoni në një dërrasë prerëse dhe priteni në copa të holla. Përhapeni mustardën në mënyrë të barabartë mbi koren e përgatitur, duke lënë një kufi prej 1/2 inç në buzë. I hedhim sipër Fontinën e grirë, më pas e vendosim salsiçen e prerë në feta në mënyrë të barabartë mbi byrekë. Hidhni fetat e mollës midis rrumbullakëta të sallamit, më pas spërkatni me një nga barishtet e copëtuara dhe djathin e grirë.

d) Rrëshqiteni picën nga lëvozhga në gurin shumë të nxehtë nëse keni përdorur një tepsi ose një fletë pjekjeje, vendoseni me byrekun në furrë ose mbi pjesën e pa ngrohur të grilës. Piqni ose piqni në skarë me kapak të mbyllur derisa djathi të shkrihet dhe të flluskojë dhe korja të ketë filluar të marrë ngjyrë kafe të artë në skajet e saj, madje edhe një kafe më të errët në pjesën e poshtme, 16 deri në 18 minuta. Nëse punoni me brumë të freskët, nxirrni çdo flluskë ajri që lind në skajin e tij gjatë 10 minutave të para të pjekjes ose pjekjes në skarë.

e) Rrëshqiteni lëvozhgën përsëri poshtë byrekut për ta hequr nga guri ose transferojeni byrekun në tepsi ose në fletën e pjekjes në një raft teli.

22. Pica Shiitake

Përbërës

- Miell për të gjitha qëllimet për lëvozhgën e picës ose spërkatës që nuk ngjit për tabakën e picës
- 1 brumë i bërë vetë,
- 8 ons (1/2 paund) tofu i butë i mëndafshtë
- Kapele kërpudhash shiitake 6 ons, kërcelli i hequr dhe i hedhur, kapakët e prerë hollë
- 3 qepë të mesme, të prera hollë
- 2 lugë çaji pastë kili të kuq aziatik
- 2 lugë çaji xhenxhefil të freskët të qëruar të grirë
- 1 lugë çaji salcë soje me natrium të rregullt ose të reduktuar
- 1 lugë çaji vaj susami i thekur

Drejtimet

a) Brumë i freskët në një gur pice. Lëkurën e picës e pudrosni lehtë me miell. Vendoseni brumin në qendër dhe formoni brumin në një rreth të trashë dhe të sheshtë duke e gërmuar me majat e gishtave. Merrni atë, mbajeni nga buza e tij me të dyja duart dhe rrotullojeni, duke e shtrirë ngadalë në buzë, derisa rrethi të jetë rreth 14 inç në diametër. E vendosim të lyer me miell poshtë në lëvozhgë.

b) Brumë i freskët në një tabaka pice. Lyejeni tavën ose fletën e pjekjes me llak që nuk ngjit. Vendoseni brumin ose në brumin me gropëza me majat e gishtave—më pas tërhiqeni dhe shtypeni derisa të formojë një rreth 14 inç në tepsi ose një drejtkëndësh të parregullt 12 × 7 inç në fletën e pjekjes.

c) Një kore e pjekur. Vendoseni atë në një lëvozhgë pice nëse përdorni një gur pice - ose vendosni koren e pjekur pikërisht në një tabaka pice.

d) Përpunoni tofu-në në një përpunues ushqimi të pajisur me tehun e prerjes derisa të jetë e butë dhe kremoze. Përhapeni mbi koren e përgatitur, duke u siguruar që të lini një kufi prej 1/2 inç në skajin e saj.

e) Mbi tofu me kapakët e feta të kërpudhave dhe qepët. Spërkatni në mënyrë të barabartë pastën e chilit, xhenxhefilin, salcën e sojës dhe vajin e susamit. Rrëshqiteni byrekun nga lëvozhga te guri i nxehtë ose vendoseni byrekun në tepsi ose në tepsi ose në furrë ose mbi pjesën e panxehur të grilës së skarës.

f) Piqni ose piqni në skarë me kapak të mbyllur derisa korja të jetë kafe e artë dhe disi e fortë në prekje, 16 deri në 18 minuta. Kontrolloni disa herë brumin e freskët për t'u siguruar që nuk ka flluska ajri, veçanërisht në skajin e tij nëse po, i grisni me një pirun për të siguruar një kore të barabartë. Pasi të keni mbaruar, futeni lëvozhgën përsëri nën byrekë për ta hequr nga guri i nxehtë ose transferojeni byrekun në tepsi ose tepsi në një raft teli. Lëreni mënjanë të ftohet për 5 minuta përpara se ta prisni në feta dhe ta servirni.

23. Pica me Spinaq dhe Ricotta

Përbërës

- Ose miell për të gjitha përdorimet për pluhurosjen e lëvozhgës së picës
- 1 brumë i bërë vetë
- 2 lugë vaj kanola
- 3 thelpinj hudhre, te grira
- 6 ons' gjethe spinaqi bebe
- 1/4 lugë çaji arrëmyshk i grirë ose i bluar
- 1/4 lugë çaji thekon piper të kuq
- 1/2 filxhan verë të bardhë të thatë ose vermut të thatë
- 1/4 filxhan rikota e rregullt, me pak yndyrë ose pa yndyrë
- 11/2 ons Parmigiana, e grirë imët
- 1/2 lugë çaji kripë
- 1/2 lugë çaji piper i zi i sapo bluar

Drejtimet

a) Brumë i freskët në një gur pice. Lëkurën e picës e pudrosni lehtë me miell. Shtoni brumin dhe formoni një rreth të madh duke e gërmuar me majat e gishtave. Merrni atë dhe formoni me duar, duke mbajtur buzën e tij, duke e kthyer ngadalë brumin dhe duke shtrirë buzën e tij derisa të jetë rreth 14 inç në diametër. Vendoseni brumin me anë të miellit poshtë në lëvozhgë.

b) Brumë i freskët në një tabaka pice. Lyejeni tavën ose fletën e pjekjes me llak që nuk ngjit. Vendoseni brumin në brumin ose zbehni brumin me majat e gishtave derisa të bëhet një rreth i trashë dhe i sheshtë—më pas tërhiqeni dhe shtypeni derisa të formojë një rreth 14 inç në tepsi ose një drejtkëndësh të parregullt 12 × 7 inç në fletën e pjekjes.

c) Një kore e pjekur. Vendoseni atë në një lëvozhgë pice nëse përdorni një gur pice - ose vendosni koren e pjekur pikërisht në një tabaka pice. Nxehni një tigan të madh mbi nxehtësinë mesatare. Lyejeni vajin, më pas shtoni hudhrën dhe gatuajeni për 30 sekonda. Përzieni spinaqin, arrëmyshk dhe specat e kuq deri sa gjethet të fillojnë të zbehen dhe më pas derdhni verën. Gatuani, duke e përzier vazhdimisht, derisa spinaqi të jetë tharë plotësisht dhe tigani të jetë pothuajse i tharë. Hiqeni tiganin nga zjarri dhe përzieni rikotën, Parmigianën e grirë, kripën dhe piperin derisa të jenë mjaft të lëmuara.

d) Përhapeni përzierjen e spinaqit mbi koren e përgatitur, duke lënë një kufi prej 1/2 inç në buzë. Rrëshqitni picën nga lëvozhga te guri i nxehtë ose vendoseni picën në tepsi ose në tepsi ose në furrë ose mbi pjesën e panxehur të grilës.

e) Piqri ose piqni në skarë me kapak të mbyllur derisa mbushja të vendoset dhe të skuqet lehtë, derisa korja të jetë disi e fortë, 16 deri në 18 minuta. Rrëshqiteni lëvozhgën përsëri nën pica për ta hequr atë nga guri i nxehtë ose transferojeni byrekun në tepsi ose fletën e pjekjes në një raft teli. Lëreni mënjanë të ftohet për 5 minuta përpara se ta prisni në feta dhe ta servirni. Për të siguruar një kore krokante, transferojeni byrekun nga lëvozhga, tabaka ose fleta e pjekjes direkt në raftin e telit pas disa minutash.

24. Pica me sallatë rukole

Përbërës

- Një 16 oz. paketoni brumin e picës me drithëra të plota në frigorifer, ose brumin e picës me kokërr të plotë
- miell misri
- 1/3 filxhan salcë marinara
- 1½ lugë çaji rigon të tharë
- 1 filxhan djathë i grirë me bazë bimore
- 2 gota rukola të freskëta të përziera dhe spinaq bebe
- 1½ filxhan domate të freskëta qershi (të verdha), të përgjysmuara
- ½ piper zile e kuqe mesatare, e prerë në kubikë
- 1 avokado mesatare të pjekur, ¼ filxhan fëstëkë të pjekur në feta
- 1 luge uthull balsamike

Drejtimet

a) Ngrohni furrën në 350°F. Hapeni brumin e picës për të përshtatur një tigan picash 14 inç ose gur pice. Spërkateni tavën ose gurin me miell misri dhe vendosni brumin sipër. Përhapeni salcën marinara mbi brumë dhe mbi të spërkatni rigon dhe djathin me bazë bimore. Vendoseni tavën ose gurin në furrë dhe piqeni për 30 deri në 35 minuta, derisa korja të jetë e artë dhe e fortë në prekje.

b) Në minutën e fundit para se ta servirni, hiqni koren nga furra dhe sipër shtoni rukolën dhe spinaqin bebe, domatet, specin zile, avokadon dhe fëstëkët. Zarzavatet do të thahen shpejt. Spërkateni me uthull dhe vaj ulliri. Shërbejeni menjëherë.

25. Pica Avokado 'N Gjithçka

Përbërës

- 2 gota përzierje për pjekje me dhallë
- 1/2 filxhan ujë të nxehtë
- 1 kanaçe (8 ons) salcë domate
- 1/4 filxhan qepë të gjelbër të copëtuar
- 1/2 filxhan djathë mocarela të grirë
- 1/2 filxhan kërpudha të prera në feta
- 1/3 filxhan ullinj të pjekur në feta
- 1 domate e vogël, e prerë në feta
- 2 luge vaj ulliri
- 1 avokado, me fara, të qëruara dhe të prera në feta Gjethe të freskëta borziloku, sipas dëshirës

Drejtimet

a) Ngrohni furrën në 425F. Përziejini së bashku përzierjen e dhallës dhe ujin me pirun në një tas të vogël. Lyejeni ose rrotullojeni në një rreth 12 inç në një fletë pjekjeje të palyer ose në tepsi për pica.

b) Përzieni së bashku salcën e domates dhe qepën e gjelbër të përhapur mbi brumin e picës. Sipër i hidhni djathë, kërpudha, ullinj dhe feta domate. Hidhni vaj ulliri sipër.

c) Piqni 15 deri në 20 minuta ose derisa buza e kores të marrë ngjyrë kafe të artë. Hiqeni picën nga furra dhe vendosni sipër feta avokadoje. E zbukurojmë me gjethe borziloku dhe e shërbejmë.

26. Pica pule BBQ

Përbërës

- 3 gjysma gjoksi pule pa kocka, të ziera dhe të prera në kubikë
- 1 filxhan salcë Barbecue me shije hikori
- 1 lugë mjaltë
- 1 lugë çaji melasë
- 1/3 filxhan sheqer kaf
- 1/2 tufë cilantro e freskët, e copëtuar
- 1 (12 inç) kore pice e pjekur paraprakisht
- 1 filxhan djathë gouda të tymosur, të grirë
- 1 filxhan qepë të kuqe të prerë hollë

Drejtimet

a) Ngrohni furrën në 425F. Në një tenxhere mbi nxehtësinë mesatare të lartë, kombinoni pulën, salcën barbeque, mjaltin, melasën, sheqerin kaf dhe cilantro. Lëreni të vlojë.

b) Përhapeni përzierjen e pulës në mënyrë të barabartë mbi koren e picës dhe sipër me djathë dhe qepë.
c) Piqni për 15 deri në 20 minuta, ose derisa djathi të shkrihet.

27. Pica me luleshtrydhe BBQ

Përbërës

- 1 brumë pica (i përgatitur paraprakisht nga dyqani ushqimor është një kursim i shkëlqyeshëm i kohës)
- 250 gram (1 filxhan) djathë borsin (barishte të imta dhe hudhër)
- 2 lugë glazurë balsamik
- 2 gota luleshtrydhe të prera në feta
- 1/3 filxhan borzilok të copëtuar
- piper për shije
- 1 lugë gjelle vaj ulliri për t'u derdhur
- parmixhano të rruar për zbukurim

Drejtimet

a) Gatuani koren e picës në BBQ (nxehtësi të lartë) ose në furrë.
b) E heqim nga zjarri dhe e lyejmë me krem djathi barishtor.
c) I spërkasim me borzilok dhe luleshtrydhe. Spërkateni me vaj ulliri dhe glazurë balsamike

dhe zbukurojeni me piper (për shije) dhe parmixhan të rruar

28. Pica me pjatë të thellë brokoli

Përbërës

- 1 pako maja e thatë
- 1 1/3 c ujë të ngrohtë
- 1 t sheqer
- 3 1/2 c miell i pazbardhur
- 1 c miell keku
- 1 1/2 t kripë
- 1 c plus 2 T vaj ulliri
- 3 t hudhër të grirë
- (1) 15-oz salcë domate me kanaçe
- (1) 12-oz pastë domate
- 2 t rigon
- 2 t borzilok
- 2 c kërpudha të prera në feta Kripë dhe piper
- 1 paund sallam italian (i nxehtë ose i ëmbël)
- 1/2 t fara kopër të grimcuara

- 2 T gjalpë
- 8 c brokoli të zbardhura, të prera përafërsisht
- 1 T shkurtim
- 3 1/2 c djathë mocarela e grirë
- 1/2 c djathë parmixhan i grirë

Drejtimet

a) Shpërndani majanë në ujë të ngrohtë, përzieni me sheqer. Bashkoni miellin dhe kripën dhe shtoni gradualisht majanë e tretur dhe 1/4 e filxhanit vaj. Ziejini derisa struktura të jetë e lëmuar. Vendoseni në një tas të madh, mbulojeni me mbështjellës plastik dhe lëreni të rritet derisa të trefishohet në masë (2-3 orë).
b) Ndërkohë përgatisim mbushjet. Ngrohni 1/4 filxhan vaj në një tigan, shtoni 2 t hudhër dhe gatuajeni për 30 sekonda (pa skuqur.) Përzieni salcën dhe pastën e domates, ziejini derisa të trashet.

Përzieni borzilokun dhe rigonin, lërini mënjanë të ftohet.

c) Hidhni 2 T vaj dhe skuqni kërpudhat derisa të skuqen lehtë dhe lëngu të avullojë. E rregullojmë sipas shijes dhe e lëmë mënjanë të ftohet.

d) Hiqni dhe hidhni zorrët nga sallami, thërrmoni dhe shtoni sallamin në tigan së bashku me kopër. Gatuani tërësisht, hiqeni dhe ftoheni. Ngroheni gjalpin dhe 2 T vaj në 1 t hudhër dhe përzieni për 30 sekonda. Përzieni brokolin derisa të mbulohet mirë dhe çdo lëng të avullojë. Sezoni sipas shijes lëreni mënjanë.

e) Kur brumi të jetë rritur, shtypni me grusht. Prisni rreth 2/5 e saj dhe lëreni mënjanë. Lyejeni një tavë picash 14 x 1 1/2" me pjatë të thella. Në një dërrasë të lyer me miell, hapni 3/5 e brumit në një rreth 20". Përshtateni në tavë duke e lënë brumin e tepërt të varet anash. Brumin e lyejmë me 1 T vaj dhe e spërkasim me kripë. Spërkatni 1 c mocarela mbi brumë.

f) Përhapeni salcën e domates nëpër djathë, përhapni kërpudhat mbi domate dhe mbulojeni me 1 c mocarela.

g) Hapeni brumin e mbetur në një rreth 14" afërsisht. Lyejini anët e brumit brenda tepsisë me ujë. Vendoseni rrethin 14" në tavë.

h) Shtypni skajet (tërhiqni nëse është e nevojshme) ndaj brumit të lagur për ta mbyllur atë. Prisni brumin e varur në 1/2" dhe lagni përsëri.

i) Paloseni nga brenda dhe shtrëngoni për të formuar një buzë të ngritur rreth skajit të tepsisë. Prisni një vrimë me avull në shtresën e sipërme të brumit dhe lyeni me 1 T vaj. Përhapeni sallamin nëpër brumë dhe mbulojeni me brokoli.

j) Bashkoni djathrat e mbetur dhe spërkatni brokolin me 1/4 c vaj.

k) Piqeni në furrë të parangrohur në 425 gradë për 30-40 minuta. Ngrihet mirë.

29. Pite pica me pule Buffalo

Përbërës

- Një pako 12 ons kifle angleze me grurë të plotë (6 kifle)
- 1 piper zile portokalli mesatare, i prerë në kube ¼ inç (rreth 1 ¼ filxhan)
- 1 lugë gjelle vaj kanola
- 12 ons gjysma të gjoksit të pulës pa kocka, pa lëkurë, të prera në kube ½ inç
- Gjysmë filxhani salcë makaronash
- 1 lugë gjelle salcë bualli
- 1 lugë gjelle salcë djathi blu
- 1 deri në 1 ½ filxhan djathë mocarela të grirë, pjesërisht të skremuar

Drejtimet

a) Ngrohni furrën në 400°F. Pritini në gjysmë kiflet angleze dhe vendosini në një tepsi. Skuqeni në furrë për rreth 5 minuta. Hiqeni dhe lëreni mënjanë. Ngrohni vajin në një tigan të madh që nuk ngjit mbi nxehtësinë mesatare-të lartë. Shtoni specin zile dhe gatuajeni, duke e përzier shpesh, derisa të zbutet, rreth 5 minuta.

b) Shtoni pulën dhe gatuajeni derisa të mos jetë më rozë, 3 deri në 5 minuta. Përzieni salcën e makaronave, salcën e buallit dhe salcën e djathit blu dhe përzieni mirë.

c) Për të mbledhur picat, sipër çdo kifle në gjysmë të barabartë me përzierjen e pulës. Spërkateni djathin në mënyrë të barabartë sipër secilit. Piqeni derisa djathi të shkrijë, rreth 5 minuta.

30. Pica në Kaliforni

Përbërës

- 1 filxhan vaj ulliri
- 2 gota gjethe borziloku të freskët
- 2 thelpinj hudhër, të prera
- 3 lugë arra pishe
- 1/2 filxhan djathë parmixhano të sapo grirë
- 1 qepë, e prerë hollë
- 1 piper i kuq i ëmbël, i prerë dhe i prerë në rripa
- 1 spec jeshil, i prerë me fara dhe i prerë në rripa
- 2 luge vaj ulliri
- 1 lugë gjelle ujë
- 1/2 kile suxhuk me hudhër dhe kopër ose sallam i ëmbël italian 3 ons djathë dhie
- 10 oce djathë Mozzarella, i grirë trashë
- 2 lugë djathë parmixhano të sapo grirë

- 2 lugë miell misri

Drejtimet:

a) Përgatitni brumin. Tretni majanë në ujë dhe lëreni mënjanë. Përzieni miellin, kripën dhe sheqerin në një enë. Bëni një "pus" në qendër, derdhni tretësirën e majave dhe vajin e ullirit. Përzieni miellin duke përdorur një pirun.

b) Ndërsa brumi bëhet i ngurtë, futni miellin e mbetur me dorë. Mblidhni në një top dhe gatuajeni tetë deri në dhjetë minuta në një dërrasë të lyer me miell. Vendoseni në një tas të lyer me vaj, mbulojeni me një leckë të lagur dhe lëreni të ngrihet në një vend të ngrohtë, pa rrymë derisa të dyfishohet në madhësi, afërsisht dy orë.

c) Përgatitni salcën pesto duke përdorur një blender ose procesor ushqimi. I bashkojmë të gjitha përveç djathit. Përpunoni por mos krijoni një pure. Përzieni djathin. Vendos anën. Kaurdisni qepët dhe specat në një lugë gjelle vaj ulliri dhe ujin në një tigan të madh mbi nxehtësinë mesatare. Përziejini shpesh derisa specat të jenë të buta. Kullojeni dhe lëreni mënjanë. Suxhuk kafe, që ndahet në copa ndërsa gatuhet. Kulloni yndyrën e tepërt. Pritini trashë dhe lëreni mënjanë.

d) Ngroheni furrën në 400 gradë. Përhapeni vajin e mbetur të ullirit në mënyrë të barabartë mbi një tigan picash 12 inç. Spërkateni me miell misri. Prisni brumin e picës, rrafshoni lehtë me oklla, kthejeni dhe rrafshoni me gishta. Vendoseni brumin në tepsi dhe përhapeni në skajet me majat e gishtave. Piqni pesë minuta. Përhapeni salcën pesto mbi brumë. Thërrmoni djathin e dhisë në mënyrë të barabartë mbi pesto. Shtoni qepët dhe specat, sallamin dhe djathrat. Piqni për 10 minuta ose derisa korja të marrë pak ngjyrë kafe dhe djathi të marrë flluska.

31. Pica me qepë të karamelizuar

Përbërës

- 1/4 filxhan vaj ulliri për skuqjen e qepëve
- 6 gota qepë të prera hollë (afërsisht 3 paund)
- 6 thelpinj hudhre
- 3 lugë gjelle. trumzë e freskët ose 1 lugë gjelle. trumzë e thatë
- 1 gjethe dafine
- kripë dhe piper
- 2 lugë gjelle. vaj për driblim sipër picës (opsionale)
- 1 lugë gjelle. kaperi të kulluar
- 1-1/2 lugë. arra pishe

Drejtimet:

a) Ngrohni 1/4 filxhan vaj ulliri dhe shtoni qepët, hudhrën, trumzën dhe gjethen e dafinës. Gatuani, duke e përzier herë pas here, derisa pjesa më e madhe e lagështisë të ketë avulluar dhe përzierja e qepëve të jetë shumë e butë, pothuajse e lëmuar dhe e karamelizuar, rreth 45 minuta. Hidhni gjethen e dafinës dhe rregulloni me kripë dhe piper.

b) Mbuloni brumin me përzierjen e qepëve, spërkatni me kaperi dhe arra pishe dhe spërkateni me vajin e mbetur të ullirit nëse e përdorni.

c) Piqeni në furrë të paravendosur në 500 gradë për 10 minuta ose derisa të marrin ngjyrë kafe të artë. Koha e pjekjes do të ndryshojë në varësi të faktit nëse piqni në një gur, një ekran ose në një tavë.

d) Sigurohuni që furra juaj të jetë e ngrohur mirë para se të vendosni pica.

32. Djathë Calzone

Përbërës

- 1 paund djathë rikota
- 1 filxhan mocarela e grirë
- majë piper të zi
- Brumë pica në stilin NY
- Ngrohni furrën në 500F.

Drejtimet:

a) Merrni një 6 oz. topin e brumit dhe vendoseni në sipërfaqe të lyer me miell. Përhapeni, me majat e gishtave, në një rreth 6 inç. Vendosni 2/3 filxhan djathë
b) përzieni nga njëra anë dhe paloseni nga ana tjetër. Mbyllni me majat e gishtave duke u siguruar që të mos ketë përzierje djathi në vulë. Kapni skajin për të siguruar një vulosje të ngushtë. Pat calzone për të mbushur edhe brenda. Kontrolloni përsëri vulën për rrjedhje. Përsëriteni me të tjerët.
c) Vendosni kalzonet në një tepsi të lyer me pak yndyrë. Prisni një të çarë 1 inç në pjesën e sipërme të secilës për të

ajrosur gjatë pjekjes. Vendoseni në qendër të furrës dhe piqini për 10-12 minuta ose derisa të marrin ngjyrë kafe të artë. Shërbejeni me salcën tuaj të preferuar të domates, të ngrohur, sipër ose anash për zhytje.

33. Pica me bajame me qershi

Përbërës

- Brumë
- 2 te bardha veze
- 125 g (4oz - 3/4 filxhan) bajame të bluara
- 90 g (3 oz - 1/2 filxhan) sheqer pluhur disa pika esencë bajame
- 750 g (1 1/2 lb.) kavanoz qershi Morello në lëng
- 60 gr   (2oz - 1/2 filxhan) bajame të grira
- 3 lugë gjelle Morel0o reçel qershie sheqer pluhur për pluhurosje
- krem pana, për të dekoruar

Drejtimet

a) Ngrohni furrën në 220C (425F. Gaz 7)
b) Në një enë rrihni lehtë të bardhat e vezëve. Hidhni në të bajamet e bluara, sheqerin dhe thelbin e bajames.

Përhapeni përzierjen në mënyrë të barabartë mbi bazën e picës.

c) Kulloni qershitë, duke rezervuar lëngun. Hidhni me lugë pica, duke rezervuar disa për dekorim. Spërkateni me bajame të grira dhe piqeni në furrë për 20 minuta derisa brumi të jetë i freskët dhe i artë.
d) Ndërkohë në një tenxhere ngrohim lëngun e rezervuar dhe reçelin derisa të bëhet shurup. Pluhuroni picën e gatuar me sheqer pluhur dhe dekorojeni me krem pana dhe qershi të rezervuara.

34. Pica në stilin e Çikagos

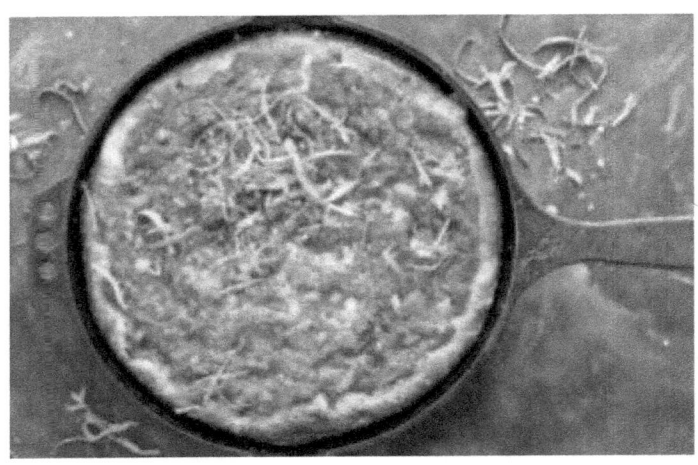

Përbërës

- 1 filxhan salcë pice
- 12 oz. Djathë mocarela e grirë
- 1/2 lb Mish viçi i grirë, i grimcuar, i gatuar
- 1/4 £ sallam italian, i grimcuar, i gatuar
- 1/4 £ Sallam derri, i grimcuar, i gatuar
- 1/2 filxhan Pepperoni, të prerë në kubikë
- 1/2 filxhan proshutë kanadeze, të prerë në kubikë
- 1/2 filxhan proshutë, të prerë në kubikë
- 1/4 lb Kërpudha, të prera në feta
- 1 qepë e vogël, e prerë në feta
- 1 Piper zile jeshile, me fara, i prere ne feta
- 2 oz. Djathë parmixhano i grirë

Drejtimet

a) Për brumin, spërkatni majanë dhe sheqerin në ujë të ngrohtë në një tas të vogël, lëreni të qëndrojë derisa të bëhet shkumë, rreth 5 minuta.

b) Përzieni miellin, miellin e misrit, vajin dhe kripën në një tas të madh, bëni një pus në qendër dhe shtoni masën e majave. Përziejini për të formuar një brumë të butë, duke shtuar më shumë miell nëse është e nevojshme. Kthejeni në një dërrasë të lyer me miell dhe gatuajeni derisa brumi të jetë i zhdërvjellët dhe elastik, 7 deri në 10 minuta. Transferoni në një tas të madh, mbulojeni dhe lëreni të ngrihet në një vend të ngrohtë derisa brumi të dyfishohet, rreth 1 orë. Grusht poshtë.

c) Rrokullisni brumin në një rreth 13-inç. Transferojeni në një tigan pice 12-inç të lyer me vaj, duke e palosur pjesën e tepërt për të bërë një buzë të vogël. Përhapeni me salcë pice dhe spërkatni me të gjithë, përveç një grushti djathë mocarela. Spërkateni me mish dhe perime. Spërkateni me pjesën e mbetur të mocarelës dhe djathit parmixhano.

Lëreni të ngrihet në një vend të ngrohtë për rreth 25 minuta.

d) Ngroheni furrën në 475 gradë. Piqni picën derisa korja të jetë e artë, rreth 25 minuta. Lëreni të qëndrojë 5 minuta përpara se ta prisni në feta.

35. Pica me gjellë të thellë

Përbërës

- Spërkatje gatimi jo ngjitëse, për spërkatjen e futësit të gatimit të ngadaltë

- 8 ons brumë të përgatitur të picës (nëse ruhet në frigorifer, lëreni të rritet në një tas të lyer me vaj

- 2 orë)

- 8 oce djathë mocarela të grirë në feta (jo të grirë).

- 8 ons pepperoni të prera hollë, mundësisht në madhësi sanduiç

- 1/2 filxhan salcë pice të blerë në dyqan

- 1 lugë gjelle parmezan të grirë

- 6 gjethe borziloku të freskët, të prera në shifonatë

- Piper i kuq i grimcuar

Drejtimet

a) Ngrohni paraprakisht tenxheren e ngadaltë në të lartë për 20 minuta. Spërkateni futjen me llak gatimi që nuk ngjit.
b) Në një sipërfaqe të pastër, shtrijeni, rrotulloni dhe formoni brumin në të njëjtën formë afërsisht si futja e tenxheres së ngadaltë. Qëllimi është një kore e bukur, e hollë. Vendoseni në tenxhere dhe shpërndajeni nëse është e nevojshme. Gatuani në temperaturë të lartë, pa mbuluar, për 1 orë pa mbushje.
c) Hidhni fetat e mocarelës mbi brumë dhe sipër anëve rreth 1 inç mbi kore. Mbivendosni secilën fetë, duke lëvizur në një rreth në drejtim të akrepave të orës derisa të mbulohet perimetri. Vendosni edhe 1 fetë për të mbuluar vendin bosh në mes, nëse është e nevojshme. Hidhni një shtresë peperoni në të njëjtën mënyrë si djathi.
d) Ndiqni me një shtresë të vogël të salcës së picës.
e) Spërkateni me parmixhanin.

f) Gatuani në temperaturë të lartë derisa korja e djathit të jetë e errët dhe e karamelizuar dhe pjesa e poshtme të jetë e fortë dhe kafe, edhe një orë. Nxirreni me kujdes nga tenxherja e ngadaltë duke përdorur një shpatull.
g) E zbukurojmë me borzilok dhe piper të kuq të grimcuar.

36. Pica holandeze e furrës

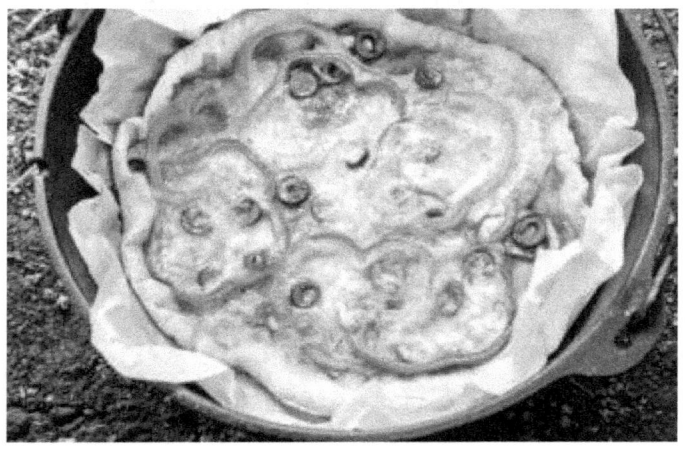

Përbërës

- 2 pkg. rrotullat e gjysmëhënës
- 1 kavanoz salcë pice
- 1 1/2 paund mish viçi i bluar
- 8 oz djathë çedër i grirë
- 8 oz djathë mocarela e grirë
- 4 oz piperoni
- 2 lugë çaji rigon
- 1 lugë çaji pluhur hudhër
- 1 lugë çaji pluhur qepë

Drejtimet

a) Mishi i bluar i kaftë, kullojeni. Furra holandeze e linjës me 1 kg. rrotullat e gjysmëhënës. Përhapni salcën e picës në brumë.
b) Shtoni mishin e grirë, specin dhe sipër spërkatni rigon, hudhër pluhur dhe pluhur qepë. Shtoni djathrat dhe përdorni pkg të dytë. Gjysmëhënës

rrotullohen për të formuar koren e sipërme.

c) Piqeni 30 minuta në 350 gradë. Të tjera të tilla si piper jeshil i copëtuar, i copëtuar

37. Kone picash për sallatë me vezë

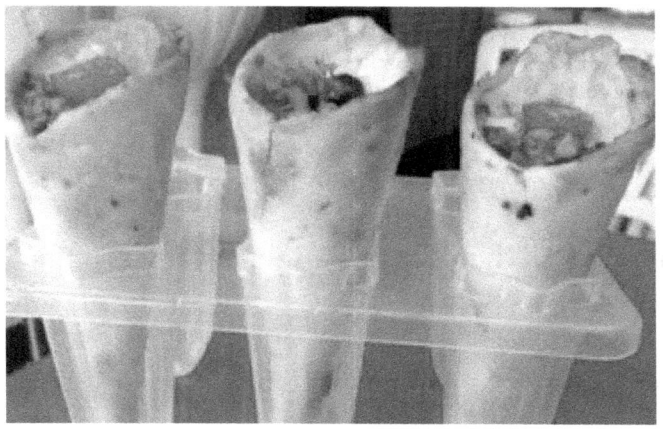

Përbërës

- 1/4 filxhan salcë sallate italiane kremoze me yndyrë të reduktuar në shishe
- 1/2 lugë çaji erëza italiane, të grimcuar
- 6 vezë të ziera fort, të copëtuara
- 1/4 filxhan qepë të gjelbra të prera në feta me majë
- 1/4 filxhan piperoni të grirë
- 6 kone të thjeshta akulloreje
- Kërpudha të grira, speca jeshil, ullinj të zi sipas dëshirës
- 3/4 filxhan salcë pice
- 2 lugë djathë parmixhano të grirë

Drejtimet

a) Në një tas mesatar, përzieni së bashku salcën dhe erëzat. Përziejini vezët, qepët dhe specat. Mbulojeni dhe vendoseni në frigorifer derisa të jeni gati për t'u shërbyer.

b) Për ta shërbyer, hidhni rreth 1/3 filxhan të përzierjes në çdo kon. Hidhni sipër rreth 2 lugë salcë pice dhe kërpudha, speca dhe ullinj sipas dëshirës. Spërkateni secilën me rreth 1 lugë çaji djathë.

38. Pica me fiku, taleggio dhe radicchio

Përbërës

- 3 fiq të thatë Misioni
- ½ filxhan verë të kuqe të thatë
- 2 lugë gjelle copa arre të papërpunuara'
- Miell për të gjitha përdorimet
- 1 (6 oz.) top Brumë pica pa gatuar
- 2 lugë vaj ulliri ekstra të virgjër
- ½ kokë e vogël radikio, e grirë (rreth ¼ filxhan)
- 2 oz. Taleggio ose djathë tjetër i athët, i prerë në copa të vogla

Drejtimet

a) Ngrohni paraprakisht broilerin me raftin e vendosur 5 inç nga elementi ose flaka. Nëse jeni duke përdorur një tigan prej gize ose tigan për picën, vendoseni në zjarr mesatar-të lartë derisa të nxehet, rreth 15 minuta.

b) Transferoni tiganin (të kthyer përmbys) ose tiganin në skarë në brojler.
c) Vendosni fiqtë në një tigan të vogël të vendosur në zjarr mesatar, derdhni verën dhe lërini të ziejnë. Fikni zjarrin dhe lërini fiqtë të thithen për të paktën 30 minuta. Kullojeni dhe më pas prisni në copa $\frac{1}{2}$ inç. Pjekini copat e arrës në një tigan të thatë mbi nxehtësinë mesatare-të lartë, 3 deri në 4 minuta. Transferoni në një pjatë, lëreni të ftohet dhe më pas copëtoni në mënyrë të trashë.
d) Për të formuar brumin, pudrosni një sipërfaqe pune me miell dhe vendosni topin e brumit. Spërkateni me miell dhe gatuajeni disa herë derisa brumi të bashkohet. Shtoni më shumë miell nëse është e nevojshme. Formoni atë në një rreth 8 inç duke shtypur nga qendra jashtë drejt skajeve, duke lënë një kufi 1 inç më të trashë se pjesa tjetër.
e) Hapni derën e furrës dhe rrëshqitni shpejt raftin me sipërfaqen e gatimit mbi të. Merrni brumin dhe vendoseni shpejt në sipërfaqen e gatimit, duke pasur kujdes që të mos prekni sipërfaqen.
f) Hidhni 1 lugë vaj mbi brumë, shpërndani sipër copat e arrës, më pas radikion, më

pas fiqtë e grirë dhe më pas djathin. Rrëshqiteni raftin përsëri në furrë dhe mbylleni derën. Ziejeni picën derisa korja të jetë fryrë rreth skajeve, pica të jetë nxirë në pika dhe djathi të shkrihet, 3 deri në 4 minuta.

g) Hiqeni picën me një lëvozhgë druri ose metali ose një katror kartoni, transferojeni në një dërrasë prerëse dhe lëreni të pushojë për disa minuta. Lyejeni sipër 1 lugë gjelle vaj të mbetur, priteni picën në katërsh, vendoseni në një pjatë dhe hajeni.

39. Byrek pica me gjalpë kikiriku të ngrirë

Përbërës

- 2 Predha brumi të hollë 12 inç
- 2 lugë gjalpë, i zbutur
- 18 oz. paketim krem djathi, i zbutur
- 1 filxhan gjalpë kikiriku kremoz, i zbutur
- 1 1/2 filxhan sheqer pluhur
- 1 filxhan qumësht
- 1 12-oz. paketë Ftohtë Whip
- shurup çokollate

Drejtimet

a) Ngrohni furrën në 400°F.
b) Lyejini me furçë majat dhe buzët e lëvozhgave të picës me gjalpë, vendosini në raftin qendror të furrës dhe piqini për 8 minuta. Hiqeni dhe ftohuni në raftet me tela.
c) Në një tas të madh mikser elektrik, rrihni kremin e djathit dhe gjalpin e kikirikut, më pas shtoni sheqerin pluhur

në tre pjesë, duke alternuar me qumështin.

d) Paloseni në Ftohtë të shkrirë, më pas shpërndajeni përzierjen mbi koret e ftohura të picës.

e) Ngrijeni derisa të forcohet. Shërbejini picat të ftohta, por jo të ngrira. Pak para se ta servirni, spërkateni me shurup çokollate.

40. Super pica në skarë

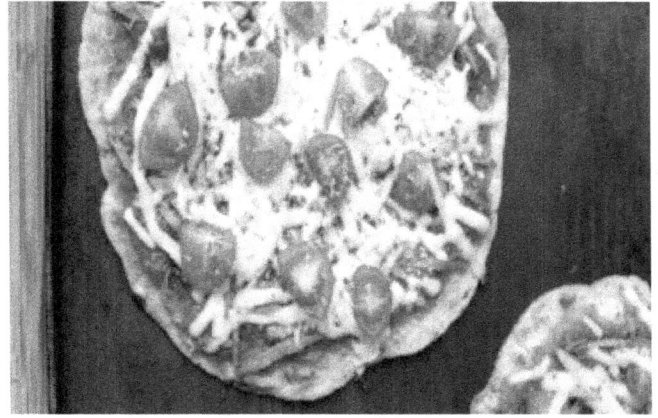

Përbërës

- ¼ filxhan salcë marinara
- ¼ filxhan spinaq të freskët të copëtuar
- ¼ filxhan mocarela e grirë
- ¼ filxhan domate qershi të prera në katër pjesë
- 1/8 lugë çaji rigon

Drejtimet

a) Rrihni miellin, ujin, vajin dhe kripën së bashku derisa të jenë të lëmuara.
b) Hidheni brumin në tigan të nxehtë të mjegulluar me llak gatimi.
c) Ngrohni secilën anë për 4-5 minuta (derisa korja të fillojë të marrë ngjyrë kafe).
d) Kthejeni edhe një herë koren dhe sipër me salcë marinara, spinaq, djathë, domate dhe rigon.
e) Ngroheni për 3 minuta ose derisa djathi të shkrihet.

41. Pica e pjekur në skarë

Përbërës

- 1 lugë çaji maja e thatë
- 1 lugë gjelle vaj soje
- 1 lugë çaji sheqer
- ½ filxhan ujë të ngrohtë (110°F)
- 1 ½ filxhan miell buke
- 1 lugë gjelle miell soje
- 1 lugë çaji kripë

Drejtimet

a) Bashkoni majanë, sheqerin dhe ½ filxhan ujë shumë të ngrohtë në një tas, lëreni të qëndrojë për pesë minuta. Kombinoni miellin dhe kripën në një tas. Përzieni përzierjen e majave me tasin që përmban të thatë. Shtoni pak miell shtesë nëse brumi është ngjitës. Ziejini për 10 minuta të mira.

b) Vendoseni në një enë të lyer me yndyrë dhe lëreni të piqet për 60 minuta derisa të dyfishohet në masë. Hidheni në një sipërfaqe të lyer me miell dhe më pas gatuajeni lehtë derisa të jetë e qetë. Hapeni në një rreth $\frac{1}{4}$" të trashë, me diametër 12". Sa më i hollë të jetë mbështjellë brumi, aq më mirë.

c) Përpara se të vendosni koren tuaj në skarë, sigurohuni që grila juaj të jetë e pastër dhe e lyer mirë me vaj. Kjo do të ndihmojë që brumi të mos ngjitet në skarë. Do t'ju duhet diçka mjaft e madhe për ta transportuar brumin tuaj në skarë. Një shpatull pica rekomandohet shumë për këtë detyrë. Lyejeni një shtresë të barabartë me vaj ulliri ekstra të virgjër në anën që do të jetë në fillim. Vaji do të sjellë aromë dhe do të ndihmojë që brumi të mos ngjitet në skarë si dhe t'i japë kores një përfundim të këndshëm të freskët.

d) Përpara se ta vendosni picën tuaj në skarë, mund të dëshironi të hiqni raftin e sipërm të skarës tuaj për ta bërë më të lehtë rrokullisjen e picës.

e) Gatuani anën e parë 1-3 minuta para se ta rrokullisni, në varësi të nxehtësisë së skarës. Gjatë kësaj kohe, do t'ju duhet të lani vajin e ullirit në anën që është përballë lart. Ndërsa gatuani anën e parë, ngjiteni majën nën skajin e kores për të monitoruar përfundimin e saj.

f) Gatuani derisa të jeni të kënaqur me përfundimin dhe më pas kthejeni koren. Pas rrokullisjes, aplikoni menjëherë çdo sipërme që dëshironi. Rekomandohet shumë që ta mbani pjesën e sipërme shumë të lehtë, pasi nuk do të kenë mundësi të gatuhen në skarë pa djegur koren. Ju mund të konsideroni të gatuani paraprakisht disa të tilla si mish dhe perime të trasha. Sigurohuni që ta ulni kapakun sa më shpejt që të jetë e mundur për të bllokuar nxehtësinë dhe për të përfunduar gatimin e shtesave.

g) Gatuani picën për 2-3 minuta shtesë ose derisa të jeni të kënaqur me përfundimin e kores.

42. Pica e bardhë e pjekur në skarë me soppressata

Përbërës

- Brumë
- 1 filxhan vaj ulliri
- 6 thelpinj hudhra të grira
- 2 thelpinj hudhra te grira
- 1 filxhan rikota me qumësht të plotë
- 1 lugë çaji trumzë e freskët e copëtuar
- 2 lugë çaji plus 1 lugë gjelle rigon të freskët të copëtuar, mbajeni veçmas 1/2 filxhan vaj ulliri
- 4 gota mocarela të grira
- 1 filxhan parmezan të grirë
- 6 ons Soppressata ose sallam tjetër të kuruar, të prerë hollë
- 4 oce speca qershie (kavanoza), te kulluara dhe te grira ne copa
- Kripë kosher dhe piper i zi i sapo bluar Miell misri (i bluar i trashë), sipas nevojës

Drejtimet

a) Ngrohni furrën në 150°F ose në cilësimin më të ulët. Kur furra të arrijë temperaturën, fikeni furrën. Derdhni ujin në tasin e punës të një përpunuesi ushqimi ose mikseri (të dyja duhet të kenë ngjitje brumi). Spërkatni vajin, sheqerin dhe majanë mbi ujë dhe pulsoni disa herë derisa të përzihen. Shtoni miellin dhe kripën dhe përpunoni derisa masa të bashkohet. Brumi duhet të jetë i butë dhe pak ngjitës. Nëse është shumë ngjitëse, shtoni miell nga 1 lugë gjelle dhe pulsoni shkurtimisht. Nëse është ende shumë i fortë, shtoni 1 lugë gjelle ujë dhe pulsoni shkurtimisht. Përpunoni edhe 30 sekonda të tjera.

b) Kthejeni brumin në një sipërfaqe pune të lyer lehtë me miell. Ziejeni me dorë për të formuar një top të rrumbullakët dhe të lëmuar. Vendoseni brumin në një tas të madh e të pastër, të lyer me vaj ulliri dhe mbulojeni fort me mbështjellës plastik. Lëreni të piqet për 15 minuta në furrë përpara se të vazhdoni.

c) Në një tenxhere të vogël shtoni 1 filxhan vaj ulliri me 6 thelpinj hudhra të grira. Lëreni të ziejë, më pas hiqeni nga zjarri që hudhra të mbushë me vaj dhe të ftohet. Në një tas të vogël kombinoni rikotën, 2 thelpinj hudhër të grirë, trumzën e copëtuar dhe 2 lugë çaji rigon të grirë. E heqim brumin nga furra, e shpojmë me grusht dhe e hedhim në një sipërfaqe pune të lyer lehtë me miell. Ndani brumin në katër topa 4 inç. Vendoseni gurin e picës në skarë dhe ngroheni paraprakisht skarën me gaz në lartësi.

d) Spërkateni lehtë sipërfaqen e punës me $\frac{1}{4}$ filxhani miell misri. Rrokullisni ose shtrini 1 brumë të rrumbullakët butësisht në një drejtkëndësh ose rreth 12" $\frac{1}{4}$" të trashë. Lyejeni me rreth 2 lugë vaj ulliri. Spërkateni lëkurën e picës me miell misri dhe më pas rrëshqitni brumin rreth e qark mbi të. Vendosni majat mbi brumë të rrumbullakët në këtë renditje së pari. lyejmë me vaj hudhre, më pas lyejmë me rikota me barishte, më pas sipër me mocarela, parmixhan, Soppressata dhe speca qershie.

e) Me lëvozhgën e picës, rrëshqitni picën mbi gurin e nxehtë të picës. Mbyllni kapakun sa më shpejt të jetë e mundur. Piqeni në skarë për rreth 5-7 minuta, ose derisa pjesa e poshtme e kores të skuqet mirë, mbushjet të jenë të ngrohta dhe djathi të jetë me flluska, rreth 5 deri në 10 minuta.

43. Pica me perime të pjekura në skarë

Përbërës

- 1 filxhan ujë të vakët (rreth 100 gradë F)
- ¼ filxhan vaj ulliri 1 ½ lugë çaji mjaltë
- 1 zarf maja me rritje të shpejtë
- 3 gota miell për të gjitha përdorimet, plus shtesë sipas nevojës
- 1 ½ lugë çaji kripë kosher.

Drejtimet

a) Ngrohni furrën në 150 gradë ose në temperaturën më të ulët. Kur furra të arrijë temperaturën, fikeni furrën. Derdhni ujin në tasin e punës të një përpunuesi ushqimi ose mikseri (të dyja duhet të kenë ngjitje brumi). Spërkatni vajin, sheqerin dhe majanë mbi ujë dhe pulsoni disa herë derisa të përzihen. Shtoni miellin dhe kripën dhe përpunoni derisa masa të bashkohet. Brumi duhet të jetë i butë dhe pak ngjitës. Nëse është shumë ngjitëse, shtoni miell nga 1 lugë gjelle dhe pulsoni shkurtimisht.

Nëse është ende shumë i fortë, shtoni 1 lugë gjelle ujë dhe pulsoni shkurtimisht. Përpunoni edhe 30 sekonda të tjera.

b) Kthejeni brumin në një sipërfaqe pune të lyer pak me miell dhe gatuajeni me dorë për të formuar një top të lëmuar dhe të rrumbullakët. Vendoseni brumin në një tas të madh e të pastër, të lyer me vaj ulliri dhe mbulojeni fort me mbështjellës plastik. Lëreni të piqet për 15 minuta në furrë përpara se të vazhdoni. E heqim brumin nga furra, e presim me grushte dhe e kthejmë në një sipërfaqe pune të lyer lehtë me miell.

c) Ndani brumin në katër topa 4 inç dhe vazhdoni me udhëzimet për përgatitjen e picës.

44. Pica me mocarela, rukola dhe limon

Përbërës

- 1 brumë pica
- 2 gota pure domatesh
- 1 thelpi hudhër, e grirë
- 1 lugë çaji rigon të tharë
- 1 lugë çaji pastë domate
- ½ lugë çaji kripë
- Piper i zi i bluar
- ¼ lugë çaji thekon piper të kuq
- 2 gota djathë mocarela të grirë
- ½ filxhan Parmigiana e grirë
- Opsionale, por me të vërtetë e bukur
- ½ tufë (rreth 2 gota) rukola, e pastruar dhe e tharë
- ½ limon
- Një rrufe vaj ulliri

Drejtimet

a) Derdhni purenë e domates në një tenxhere me madhësi mesatare dhe ngroheni në zjarr mesatar. Shtoni hudhrën, rigonin dhe pastën e domates. Përziejini për t'u siguruar që pasta të jetë zhytur në pure.
b) Lëreni të vlojë (kjo ndihmon që salca të zvogëlohet pak), më pas uleni zjarrin dhe përzieni që të siguroheni që salca të mos ngjitet. Salca mund të jetë gati për 15 minuta ose mund të ziejë më gjatë, deri në $\frac{1}{2}$ orë. Do të reduktohet me rreth një të katërtën, gjë që ju jep të paktën $\frac{3}{4}$ filxhan pure për pica.
c) Shijoni për kripë dhe aromatizoni në përputhje me rrethanat dhe shtoni piper të zi dhe/ose piper të kuq. Hiqni thelpin e hudhrës.
d) Hidheni salcën në mes të rrethit të brumit dhe me një shpatull gome përhapeni derisa sipërfaqja të mbulohet plotësisht.
e) Vendosni mocarelën (1 filxhan për pica 12 inç) sipër salcës. Mos harroni, djathi do të përhapet ndërsa shkrihet në furrë, kështu që mos u shqetësoni nëse duket

sikur pica juaj nuk është e mbuluar me djathë.
f) Vendoseni në një furrë të parangrohur 500°F dhe piqni siç udhëzohet për brumin e picës.
g) Kur pica të jetë gati, zbukurojeni me parmigiana dhe rukola (nëse përdorni). Shtrydhni limonin në të gjithë zarzavatet dhe/ose spërkatni me vaj ulliri nëse dëshironi.

45. Pica meksikane

Përbërës

- 1/2 £ mish viçi i bluar
- 1/2 lugë çaji kripë
- 1/4 lugë çaji qepë të tharë të grirë
- 1/4 lugë çaji paprika
- 1-1/2 lugë çaji pluhur djegës
- 2 lugë ujë
- 8 tortilla të vogla (6-inç me diametër) miell
- 1 filxhan vaj për shkurtimin ose gatimin Crisco
- 1 (16 oz.) kanaçe fasule të skuqura
- 1/3 filxhan domate të prerë në kubikë
- 2/3 filxhan salsa picante të butë
- 1 filxhan djathë çedër i grirë
- 1 filxhan djathë Monterey Jack i grirë
- 1/4 filxhan qepë jeshile të copëtuara
- 1/4 filxhan ullinj të zinj të prerë në feta

Drejtimet

a) Gatuani mishin e grirë në zjarr mesatar derisa të marrë ngjyrë kafe, më pas kulloni yndyrën e tepërt nga tigani. Shtoni kripën, qepët, paprikën, pluhurin djegës dhe ujin dhe më pas lëreni përzierjen të ziejë në zjarr mesatar për rreth 10 minuta. Përziejini shpesh.
b) Ngrohni vajin ose shkurtimin Crisco në një tigan mbi nxehtësinë mesatare-të lartë. Nëse vaji fillon të pijë duhan, është shumë i nxehtë. Kur vaji të jetë i nxehtë, skuqni çdo tortilla për rreth 30-45 sekonda nga njëra anë dhe vendoseni mënjanë në peshqir letre.
c) Kur skuqni çdo tortilla, sigurohuni që të hapni çdo flluskë që formohet në mënyrë që tortilla të shtrihet në vaj. Tortillat duhet të bëhen kafe të artë. Ngrohni fasulet e skuqura në një tigan të vogël mbi sobë ose në mikrovalë.
d) Ngrohni furrën në 400F. Kur mishi dhe tortillat të jenë gati, vendosni secilën picë duke përhapur fillimisht rreth 1/3 filxhan fasule të skuqura në fytyrën e një tortilla. Më pas shpërndani 1/4 deri në 1/3 filxhan mish, pastaj një tjetër tortilla.

e) Lyeni picat tuaja me dy lugë salsa mbi secilën, më pas ndani domatet dhe vendosini sipër. Më pas ndajeni djathin, qepët dhe ullinjtë, duke i vendosur në atë mënyrë.

f) Vendosini picat në furrën tuaj të nxehtë për 8–12 minuta ose derisa djathi sipër të shkrihet. Bën 4 pica.

46.   Mini Pica Bagels

Përbërës

- Mini Bagels
- Salcë picash
- Djathë Mozzarella i grirë

Drejtimet

a) Ngrohni furrën në 400
b) Ndani bagels në gjysmë, përhapni salcën në mënyrë të barabartë në secilën gjysmë, spërkatni djathin.
c) Piqni 3-6 minuta ose derisa djathi të shkrihet sipas dëshirës tuaj.

47. Pica Muffuletta

Përbërës

- 1/2 filxhan selino të grirë hollë
- 1/3 filxhan ullinj jeshil të mbushur me pimento të copëtuara
- 1/4 filxhan piperoncini të copëtuar
- 1/4 filxhan qepë koktej të copëtuara
- 1 thelpi hudhër, të grirë
- 3 lugë vaj ulliri ekstra të virgjër
- 2 lugë çaji përzierje sallate të thatë italiane
- 3 oz. proshutë/sallam i prerë në feta të holla, i prerë në kubikë
- 8 oz. djathë provolone i grirë
- 2 kore brumi 12" të papjekura
- vaj ulliri ekstra i virgjer

Drejtimet

a) Përziejini 7 të parat për sallatën e ullirit të marinuar dhe ftohuni brenda natës. Kombinoni sallatën e ullirit, proshutën dhe djathin. Mbi një kore brumi me 1/2 e përzierjes. Spërkateni me vaj. Piqeni në furrë të parangrohur 500° F për
b) 8-10 minuta ose derisa korja të marrë ngjyrë kafe të artë dhe djathi të shkrihet. Hiqeni nga furra dhe ftoheni në një raft teli për 2-3 minuta përpara se ta prisni në copa dhe ta servirni.
c) Përsëriteni me koren tjetër të brumit.

48. Pica me pan

Përbërës

- Brumë
- 2 luge vaj ulliri
- 1 thelpi hudhër, të qëruar dhe të grirë
- 2 lugë pastë domate
- Majë me thekon kili, për shije
- 128 ons mund të domate të copëtuara ose të grimcuara
- 2 lugë mjaltë, ose sipas shijes
- 1 lugë çaji kripë kosher, ose për shije

Drejtimet

a) Kombinoni miellin dhe kripën në tasin tuaj më të madh të përzierjes. Në një enë tjetër përzierëse bashkojmë ujin, gjalpin, vajin e ullirit dhe majanë. Përziejini mirë.

b) Përdorni një shpatull gome për të krijuar një pus në qendër të përzierjes së miellit dhe shtoni në të lëngun nga tasi tjetër, duke e trazuar me shpatullën dhe duke gërvishtur anët e tasit për të bashkuar gjithçka.

c) Përziejini të gjitha së bashku derisa të bëhet një top i madh dhe i ashpër me brumë të lagur, mbulojeni me mbështjellës plastik dhe lëreni të qëndrojë për 30 minuta.

d) Zbuloni brumin dhe, me duar të lyera me miell, gatuajeni derisa të jetë uniformisht i lëmuar dhe ngjitës, afërsisht 3 deri në 5 minuta. Zhvendoseni topin e brumit në një tas të pastër përzierjeje, mbulojeni me mbështjellës plastik dhe lëreni të ngrihet për 3 deri në 5 orë në temperaturën e dhomës, më pas vendoseni në frigorifer, të paktën 6 orë deri në 24.

e) Mëngjesin që dëshironi të bëni picat, hiqni brumin nga frigoriferi, ndajeni në 3 copa me përmasa të barabarta (rreth 600 gramë secila) dhe formoni topa të zgjatur. Përdorni vaj ulliri për të lyer tre tigane prej gize 10 inç, tava pjekjeje 8 inç me 10 inç me anë të larta, enët e pjekjes prej qelqi 7 inç nga 11 inç ose ndonjë kombinim të tyre dhe vendosni topat në to.

f) Mbulojeni me mbështjellës plastik dhe lëreni në temperaturën e dhomës, 3 deri në 5 orë. përzierja është me shkëlqim dhe sapo ka filluar të karamelizohet.

g) Bëni salcën. Vendoseni një tenxhere në zjarr mesatar-të ulët dhe shtoni në të 2 lugë vaj ulliri. Kur vaji të shkëlqejë, shtoni hudhrën e grirë dhe gatuajeni, duke e trazuar, derisa të marrë ngjyrë të artë dhe aromatik, afërsisht 2 deri në 3 minuta.

h) Shtoni pastën e domates dhe një majë me thekon djegës dhe rrisni nxehtësinë në mesatare. Gatuani, duke e përzier shpesh

i) Shtoni domatet, lërini të ziejnë, më pas ulni zjarrin dhe lërini të ziejnë për 30 minuta, duke i përzier herë pas here.

j) Hiqeni salcën nga zjarri dhe përzieni mjaltin dhe kripën për shije, më pas përzieni në një blender zhytjeje ose lëreni të ftohet dhe përdorni një blender të rregullt. (Salca mund të përgatitet para kohe dhe të ruhet në frigorifer ose në ngrirje. Është e mjaftueshme për 6 apo më shumë byrekë.)

k) Pas 3 orësh ose më shumë, brumi do të jetë pothuajse dyfishuar në masë. Zgjateni brumin me shumë butësi në anët e tavave, duke e gërmuar butësisht me gishta. Më pas brumi mund të lihet të pushojë për 2 deri në 8 orë të tjera, i mbuluar me mbështjellës.

l) Bëni picat. Ngrohni furrën në 450. Tërhiqeni butësisht brumin në skajet e tavave nëse nuk është rritur deri në skajet. Përdorni një lugë ose lugë për të hedhur 4 deri në 5 lugë salcë mbi brumë, duke e mbuluar butësisht tërësisht. Spërkateni mocarelën me lagështi të ulët mbi byrekët, më pas lyejini me mocarelën e freskët dhe specat sipas shijes. Spërkateni me rigon dhe rrihni me pak vaj ulliri.

m) Vendosni picat në raftin e mesëm të furrës në një fletë pjekjeje ose fletë të mëdha për të kapur derdhjet, më pas gatuajeni për 15 minuta ose më shumë. Përdorni një shpatull offset për të ngritur picën dhe kontrolloni fundet.

n) Pica bëhet kur korja është e artë dhe djathi është shkrirë dhe fillon të skuqet sipër, përafërsisht 20 deri në 25 minuta.

49. Pica me spec djegës

Përbërës

- 2 paund mish viçi të bluar
- 1 kile Lidhje me salsiçe italiane të nxehta
- 1 qepë e madhe, e grirë
- 1 piper i madh jeshil, i grire
- 4 thelpinj hudhre, te grira
- 1 kavanoz (16 ons) salsa
- 1 kanaçe (16 ons) fasule djegës të nxehtë, të pakulluar
- 1 kanaçe (16 ons) fasule, të shpëlarë dhe të kulluar
- 1 kanaçe (12 ons) salcë pice
- 1 pako (8 ons) pepperoni në feta, të përgjysmuara
- 1 gotë ujë
- 2 lugë çaji pluhur djegës
- 1/2 lugë çaji kripë
- 1/2 lugë çaji piper

- 3 gota (12 ons) djathë mocarela e skremuar me pjesë të grira

Drejtimet

a) Në një furrë holandeze, gatuajeni mishin e viçit, sallamin, qepën, piperin jeshil dhe hudhrën në zjarr mesatar derisa mishi të mos jetë më rozë; kullojeni.
b) Përzieni salsën, fasulet, salcën e picës, specin, ujin, pluhurin djegës, kripën dhe piperin. Lëreni të vlojë. Ulni nxehtësinë; mbulojeni.

50.   Pica Pesto

Përbërës

- 1 1/2 filxhan (të paketuara) gjethe spinaqi me kërcell
- 1/2 filxhan (të paketuara) gjethe borziloku të freskët (rreth 1 tufë)
- 1 1/2 lugë vaj nga domate të thara në diell ose vaj ulliri të mbushura me vaj
- 1 thelpi hudhër e madhe
- Vaj ulliri
- Predhë brumi 1 12 inç në stilin NY
- 1/3 filxhan domate të thara në diell të paketuara me vaj të kulluar në feta 2 filxhanë djathë mocarela të grirë (rreth 8 ons)
- 1 filxhan djathë parmixhano të grirë

Drejtimet

a) Përziejini 4 të parat në procesor në pure të trashë. Transferoni peston në një tas të vogël. (Mund të përgatitet 1 ditë

përpara. Shtypni plastikën direkt mbi sipërfaqen e pestos për ta mbuluar, ftohuni.) Ngroheni furrën në 500F.
Lyejeni tavën e picës 12 inç me vaj ulliri.

b) Rregulloni brumin në një tavë dhe shpërndani të gjithë peston mbi brumë. Spërkateni me domate të thara në diell, pastaj djathëra. Piqni picën derisa korja të marrë ngjyrë kafe dhe djathi të shkrihet.

51.   Pica Philly Cheesesteak

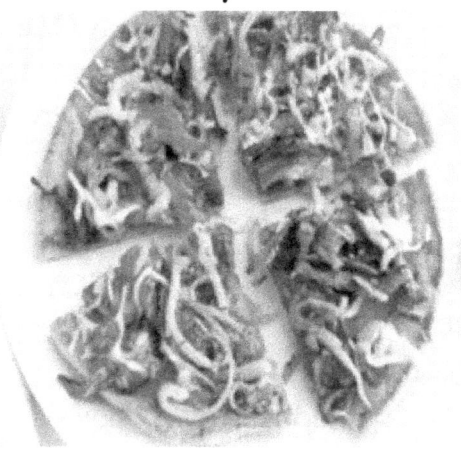

Përbërës

- 1 qepë mesatare, e prerë në feta
- 1 Piper jeshil mesatar, i prerë në feta
- 8 oz. Kërpudha, të prera në feta
- 8 oz. Mish i pjekur, i rruar
- 3 lugë gjelle salcë Worcestershire
- 1/4 çaj. Piper i zi
- 1 grumbull brumë me kore të trashë siciliane
- 3 lugë vaj ulliri
- 1 lugë çaji hudhër të shtypur
- 4 filxhanë djathë provolone
- 1/4 filxhani djathë parmixhano, i grirë në rende

Drejtimet

a) Kaurdisni perimet në 1 lugë gjelle. vaj ulliri derisa të zbehet shtoni mish viçi të pjekur. Gatuani edhe për tre minuta të tjera.

b) Shtoni salcën Worcestershire dhe piper, përzieni dhe hiqeni nga zjarri. Le menjane.

c) Brumin e përgatitur e lyejmë me vaj ulliri dhe e lyejmë me hudhër të shtypur në të gjithë sipërfaqen e brumit. Hidhni sipër një shtresë të lehtë djathi të grirë, më pas përzierjen e mishit/perimeve, duke e shpërndarë në mënyrë të barabartë.

d) Hidhni sipër djathin e mbetur të grirë, më pas parmixhanin. Piqeni në furrë të parangrohur 500F derisa djathi të shkrihet dhe të marrë flluska.

e) Lëreni të qëndrojë 5 minuta përpara se ta prisni dhe ta servirni.

52. Pica pita me ullinj jeshil

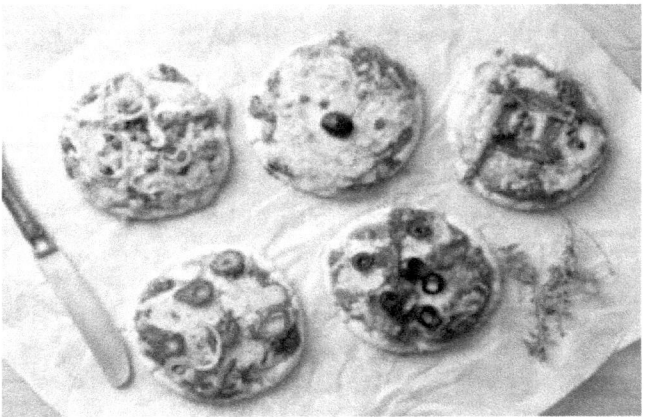

Përbërës

Sallatë e copëtuar

- 1 thelpi hudhër, të qëruar dhe të përgjysmuar
- 2 luge uthull balsamike
- 1 qepë e vogël e kuqe, e përgjysmuar, e prerë hollë
- ¼ filxhan vaj ulliri ekstra të virgjër
- Kripë deti i trashë dhe piper i zi i freskët 3 zemra romaine, të grira trashë 4 kastraveca të mesme Kirby, të prera në
- copa të madhësisë së kafshimit
- 2 domate të mesme, të prera, të prera dhe të prera në kubikë
- 1 avokado e pjekur, e prerë në kubikë
- 5 gjethe borziloku të freskët, të grira në copa
- 8-10 gjethe mente të freskëta, të grira në copa

Pita Pica
- 4 (7 inç) xhepa më pak bukë pita
- 8 oz. Djathë Monterey Jack, i grirë
- ½ filxhan ullinj jeshil pa kore dhe te grire

- 2 speca jalapeño, të grira, thekon speca të kuq të grimcuar Piper të zi të freskët të bluar Djathë parmixhano të rruar për zbukurim

Drejtimet

a) Ngrohni furrën në 450°F.
b) Për të përgatitur sallatën, fërkojeni fuqishëm pjesën e brendshme të një tasi të madh me hudhrën. Shtoni uthullën dhe qepën e kuqe dhe lërini mënjanë për 5 minuta. Hidhni vajin dhe rregulloni me kripë dhe piper. Shtoni marulen, kastravecin, domatet, avokadon, borzilokun dhe nenexhikun dhe i hidhni mirë.
c) Piqni pitat, në tufa nëse është e nevojshme, në gurin ose tiganin e nxehur të picës për 3 minuta. Në një tas të vogël, kombinoni djathin, ullinjtë dhe jalapeño. Ndani këtë përzierje në katër pitat.
d) Kthejini pitat në furrë, dy nga një, dhe piqini derisa djathi të marrë flluska dhe të skuqet lehtë, rreth 5 minuta. Mbushni sallatën sipër picave, spërkatni me djathë parmixhano dhe shërbejeni.

e) SHPERNDAJENI buken pite me salce. SHTO ekstra hudhër pluhur dhe rigon nëse dëshironi. Më pas SHTO mbushjet e zgjedhura! Domatet e copëtuara, qepët, specat, kungull i njomë ose kungulli i verdhë janë të gjitha të shijshme dhe ushqyese!
f) PJEKONI në 400° për 10 minuta.

53. Pica Burgers

Përbërës

- 1 paund mish viçi të bluar
- 1/4 c ullinj të grirë
- 1 c djathë çedër
- 1/2 t hudhër pluhur
- 18 oz. kanaçe salcë domatesh
- 1 qepë e prerë në kubikë

Drejtimet

a) Mish kafe me hudhër dhe qepë.
b) Hiqeni nga zjarri dhe përzieni salcën e domates dhe ullinjtë.
c) Vendosini në simite hot dog me djathë.
d) E mbështjellim me folie dhe e pjekim për 15 minuta në 350 gradë.

54.   Pica kuti dreke

Përbërës

- 1 bukë pite e rrumbullakët
- 1 lugë çaji vaj ulliri
- 3 lugë salcë pice
- 1/2 C. djathë mocarela e grirë
- 1/4 C. kërpudha crimini të prera në feta
- 1/8 lugë çaji kripë hudhër

Drejtimet

a) Vendoseni skarën tuaj për nxehtësi mesatare-të lartë dhe lyejeni grilën me yndyrë.
b) Përhapeni vajin dhe salcën e picës mbi 1 anë të bukës pita në mënyrë të barabartë.
c) Vendosni kërpudhat dhe djathin mbi salcë dhe spërkatni gjithçka me kripë hudhër.
d) Vendosni bukën e pitës në skarë, kërpudhat nga ana lart.
e) Mbulojeni dhe gatuajeni në skarë për rreth 5 minuta.

55. Trajtim me fruta të ftohtë

Përbërës

- 1 (18 oz.) paketë brumë biskotash me sheqer në frigorifer
- 1 (7 oz.) kavanoz krem marshmallow
- 1 (8 oz.) paketë krem djathi, i zbutur

Drejtimet

a) Vendoseni furrën tuaj në 350 gradë F përpara se të bëni ndonjë gjë tjetër.
b) Vendoseni brumin në një fletë pjekjeje mesatare rreth 1/4 inç të trashë.
c) Gatuani gjithçka në furrë për rreth 10 minuta.
d) Hiqni gjithçka nga furra dhe lëreni mënjanë të ftohet.
e) Në një tas, përzieni së bashku kremin e djathit dhe kremin e marshmallow.
f) Përhapeni përzierjen e djathit krem mbi kore dhe vendoseni në frigorifer që të ftohet përpara se ta shërbeni.

56. Pica e tymosur

Përbërës

- 3 1/2 C. miell për të gjitha përdorimet
- Maja e kores së picës
- 1 luge sheqer
- 1 1/2 lugë çaji kripë
- 1 1/3 C. ujë shumë i ngrohtë (120 gradë deri në 130 gradë F)
- 1/3 C. vaj
- Miell shtesë për rrotullim
- Vaj shtesë për pjekje në skarë
- Salcë picash
- Mbushje të tjera sipas dëshirës
- Djathë mocarela e grirë

Drejtimet

a) Vendoseni skarën tuaj për nxehtësi mesatare-të lartë dhe lyejeni grilën me yndyrë.
b) Në një tas të madh përzieni së bashku 2 C. miell, maja, sheqer dhe kripë.
c) Shtoni vajin dhe ujin dhe përziejini derisa të bashkohen mirë.
d) Ngadalë, shtoni miellin e mbetur dhe përzieni derisa të formohet një brumë pak ngjitës.

e) Vendoseni brumin në një sipërfaqe të lyer me miell dhe gatuajeni derisa brumi të bëhet elastik.
f) Ndani brumin në 8 pjesë dhe rrokullisni secilën pjesë në një sipërfaqe të lyer me miell në rreth 8 inç.
g) Lyejini të dyja anët e secilës kore me pak vaj shtesë.
h) Gatuajini të gjitha koret në skarë për rreth 3-4 minuta.
i) Transferoni koren në një sipërfaqe të lëmuar, me anën e pjekur në skarë lart.
j) Përhapeni një shtresë të hollë salcë pice mbi secilën kore në mënyrë të barabartë.
k) Vendosni mbushjet dhe djathin tuaj të dëshiruar mbi salcë dhe gatuajeni gjithçka në skarë derisa djathi të shkrihet.

57. Pica me dhëmbë të ëmbël

Përbërës

- 1 (18 oz.) paketë brumë biskotash me sheqer në frigorifer
- 1 (8 oz.) enë sipërme e ngrirë e rrahur, e shkrirë
- 1/2 C. banane e prerë në feta
- 1/2 C. luleshtrydhe të freskëta të prera në feta
- 1/2 C. ananas i grimcuar, i kulluar
- 1/2 C. rrush pa fara, i përgjysmuar

Drejtimet

a) Vendoseni furrën tuaj në 350 gradë F përpara se të bëni ndonjë gjë tjetër.
b) Vendoseni brumin në një tigan picash 12 inç.
c) Gatuani gjithçka në furrë për rreth 15-20 minuta.
d) Hiqni gjithçka nga furra dhe lëreni mënjanë të ftohet.
e) Përhapeni majën e rrahur mbi kore dhe sipër me frutat në çdo dizajn të dëshiruar.
f) Vendoseni në frigorifer për t'u ftohur përpara se ta shërbeni.

58. Pica unike

Përbërës

- 1 (10 oz.) kanaçe brumë me kore picash në frigorifer
- 1 C. përhapje hummus
- 1 1/2 C. speca zile të prera në feta, çdo ngjyrë
- 1 C. lule brokoli
- 2 C. djathë Monterey Jack i grirë

Drejtimet

a) Vendoseni furrën tuaj në 475 gradë F përpara se të bëni ndonjë gjë tjetër.
b) Vendoseni brumin në një tavë pice.
c) Vendosni një shtresë të hollë humusi mbi kore në mënyrë të barabartë dhe sipër gjithçka me brokoli dhe speca zile.
d) Spërkateni picën me djathë dhe gatuajeni gjithçka në furrë për rreth 10-15 minuta.

59. Pica artizanale

Përbërës

- 1 (12 inç) kore pice e pjekur paraprakisht
- 1/2 C. pesto
- 1 domate e pjekur, e prerë
- 1/2 C. piper zile jeshile, i copëtuar
- 1 (2 oz.) kanaçe ullinj të zinj të grirë, të kulluar
- 1/2 qepë të vogël të kuqe, të copëtuar
- 1 (4 oz.) mund të zemrat e artiçokut, të kulluara dhe të prera në feta
- 1 C. djathë feta e thërrmuar

Drejtimet

a) Vendoseni furrën tuaj në 450 gradë F përpara se të bëni ndonjë gjë tjetër.
b) Vendoseni brumin në një tavë pice.
c) Vendosni një shtresë të hollë pesto mbi kore në mënyrë të barabartë dhe sipër lyeni me perimet dhe djathin feta.
d) Spërkateni picën me djathë dhe gatuajeni gjithçka në furrë për rreth 8-10 minuta.

60. Dip pica me pepperoni

Përbërës

- 1 (8 oz.) paketë krem djathi, i zbutur
- 1 (14 oz.) kanaçe salcë pice
- 1/4 £ sallam me peperoni, të prerë në kubikë
- 1 qepë, e grirë
- 1 (6 oz.) kanaçe ullinj të zinj, të copëtuar
- 2 C. djathë mocarela e grirë

Drejtimet

a) Vendoseni furrën tuaj në 400 gradë F përpara se të bëni ndonjë gjë tjetër dhe lyeni me yndyrë një tavë byreku 9 inç.
b) Në fund të tavës së përgatitur me byrekë vendosim kremin e djathit dhe sipër i hedhim salcën e picës.
c) Mbi gjithçka me ullinj, speca dhe qepë dhe spërkateni me djathë mocarela.
d) Gatuani gjithçka në furrë për rreth 20-25 minuta.

61. Pica me ton

Përbërës

- 1 (8 oz.) paketë krem djathi, i zbutur
- 1 (14 oz.) pako kore picash e pjekur paraprakisht
- 1 (5 oz.) kanaçe ton, e kulluar dhe e grirë
- 1/2 C. qepë e kuqe e prerë hollë
- 1 1/2 C. djathë mocarela e grirë
- thekon spec të kuq të grimcuar, ose për shije

Drejtimet

a) Vendoseni furrën tuaj në 400 gradë F përpara se të bëni ndonjë gjë tjetër.
b) Përhapeni kremin e djathit mbi koren e pjekur më parë.
c) Mbi koren me ton dhe qepë dhe spërkateni me djathë mocarela dhe thekon piper të kuq.
d) Gatuani gjithçka në furrë për rreth 15-20 minuta.

62. Pulë me shije pica

Përbërës

- 1/2 C. thërrime buke me stazhion italian
- 1/4 C. djathë parmixhano i grirë
- 1 lugë çaji kripë
- 1 lugë çaji piper i zi i bluar
- 1/2 C. miell për të gjitha përdorimet
- 1 vezë
- 1 lugë gjelle lëng limoni
- 2 gjysma gjoksi pule pa lëkurë dhe pa kocka
- 1/2 C. salcë pice, e ndarë
- 1/2 C. djathë mocarela e grirë, e ndarë
- 4 feta peperoni, ose sipas shijes - të ndara

Drejtimet

a) Vendoseni furrën tuaj në 400 gradë F përpara se të bëni ndonjë gjë tjetër.
b) Në një enë të cekët shtoni lëngun e limonit dhe vezën dhe i rrahim mirë.
c) Në një tas të dytë të cekët, vendosni miellin.
d) Në një tas të tretë përzieni së bashku parmixhanin, thërrimet e bukës, kripën dhe piperin e zi.

e) Lyejeni çdo gjoks pule me përzierjen e vezëve dhe futeni në përzierjen e miellit.
f) Përsëri zhytni pulën në përzierjen e vezëve dhe futeni në përzierjen e thërrimeve të bukës.
g) Vendosni gjokset e pulës në një enë pjekjeje dhe gatuajeni gjithçka në furrë për rreth 20 minuta.
h) Vendosni rreth 2 lugë gjelle nga salca e picës mbi çdo gjoks pule dhe sipër me djathin dhe fetat e specit në mënyrë të barabartë.
i) Gatuani gjithçka në furrë për rreth 10 minuta.

63. Pica për mëngjes

Përbërës

- 2/3 C. ujë të ngrohtë
- 1 (.25 oz.) paketë maja e menjëhershme
- 1/2 lugë çaji kripë
- 1 lugë çaji sheqer të bardhë
- 1/4 lugë çaji rigon të tharë
- 1 3/4 C. miell për të gjitha përdorimet
- 6 feta proshutë, të prera
- 1/2 C. qepë jeshile, e prerë hollë
- 6 vezë të rrahura
- kripë dhe piper për shije
- 1/2 C. salcë pice
- 1/4 C. djathë parmixhano i grirë
- 2 oz. sallam i prerë hollë

Drejtimet

a) Vendoseni furrën tuaj në 400 gradë F përpara se të bëni ndonjë gjë tjetër dhe lyeni pak me yndyrë një tepsi pice.
b) Në një enë hedhim ujin, sheqerin, majanë, rigonin dhe kripën dhe i trazojmë derisa të treten plotësisht.
c) Shtoni rreth 1 C. miell dhe përzieni mirë.
d) Shtoni miellin e mbetur dhe përzieni mirë.

e) Me një mbështjellje plastike, mbuloni tasin dhe mbajeni mënjanë për rreth 10-15 minuta.
f) Nxehni një tigan të madh në nxehtësi mesatare dhe gatuajeni proshutën derisa të skuqet plotësisht.
g) Shtoni qepët e njoma dhe skuqini për rreth 1 minutë.
h) Shtoni vezët dhe ziejini duke i trazuar derisa të përgatiten vezët e fërguara.
i) Hidhni kripën dhe piperin e zi.
j) Përhapeni salcën e picës mbi brumë dhe vendoseni brumin në tepsi të përgatitur për pica.
k) Hidhni sipër proshutën, vezët, parmixhanin dhe sallamin dhe gatuajeni gjithçka në furrë për rreth 20-25 minuta.

64. Pica e freskët e kopshtit

Përbërës

- 2 (8 oz.) paketa role gjysmëhëne në frigorifer
- 2 (8 oz.) pako krem djathi, i zbutur
- 1/3 C. majonezë
- 1 (1,4 oz.) paketë përzierje e supës së thatë me perime
- 1 C. rrepka, të prera në feta
- 1/3 C. piper jeshil i grirë
- 1/3 C. piper i kuq zile i copëtuar
- 1/3 C. piper zile të verdhë të copëtuar
- 1 C. lule brokoli
- 1 C. lulelakra me lule
- 1/2 C. karrota e copëtuar
- 1/2 C. selino të copëtuar

Drejtimet

a) Vendoseni furrën tuaj në 400 gradë F përpara se të bëni ndonjë gjë tjetër.
b) Në pjesën e poshtme të një tepsi pelte 11x14 inç, shtrini brumin me role gjysmëhëne.
c) Me gishtat, lidhni çdo shtresë së bashku për të bërë një kore.
d) Gatuani gjithçka në furrë për rreth 10 minuta.

e) Hiqni gjithçka nga furra dhe lëreni mënjanë të ftohet plotësisht.
f) Në një enë përzieni së bashku përzierjen e majonezës, kremit të djathit dhe supës me perime.
g) Vendoseni përzierjen e majonezës mbi kore në mënyrë të barabartë dhe sipër gjithçkaje me perimet në mënyrë të barabartë dhe shtypni butësisht në përzierjen e majonezës.
h) Me mbështjellësin mbulojeni picën dhe vendoseni në frigorifer gjatë natës.

65. Predha picash

Përbërës

- 2 (28 oz.) kanaçe domate të grimcuara
- 2 lugë vaj kanola
- 2 lugë gjelle rigon të thatë
- 1 lugë çaji borzilok të thatë
- 1 lugë çaji sheqer të bardhë
- 1 (12 oz.) guaska makaronash jumbo kuti
- 1 (6 oz.) kanaçe kërpudha të prera në feta, të kulluara
- 1/2 piper zile jeshile, i copëtuar
- 1/2 qepë, e copëtuar
- 2 C. djathë Monterey Jack i grirë
- 1 (6 oz.) paketë mini peperoni të prera në feta

Drejtimet

a) Në një tigan shtojmë domatet e shtypura, borzilokun, rigonin, sheqerin dhe vajin dhe i përziejmë mirë.
b) Mbulojeni tiganin dhe lëreni të vlojë.
c) Ulni zjarrin në minimum dhe ziejini për rreth 30 minuta.
d) Vendoseni furrën tuaj në 350 gradë F.
e) Në një tigan të madh me ujë të vluar pak të kripur, gatuajini lëvozhgat e

makaronave për rreth 10 minuta, duke i përzier herë pas here.
f) Kullojeni mirë dhe mbajeni mënjanë.
g) Në një enë përzieni së bashku specin jeshil, qepën dhe kërpudhat.
h) Vendosni rreth 1 lugë çaji salcë domate në secilën lëvozhgë dhe spërkatni me përzierjen e qepëve dhe rreth 1 lugë gjelle djathë Monterey Jack.
i) Në një enë pjekjeje 13x9 inç, rregulloni lëvozhgat, krah për krah dhe duke prekur dhe vendosni feta mini speci mbi secilën lëvozhgë.
j) Gatuani gjithçka në furrë për rreth 30 minuta.

66. Pica e nxehtë italiane

Përbërës

- 1 luge vaj ulliri
- 1 qepë spanjolle, e prerë hollë
- 1 piper jeshil i prerë në feta hollë
- 1 (3,5 oz.) sallam i nxehtë italian, i prerë në feta
- 1/4 C. kërpudha të freskëta të prera në feta, ose më shumë për shije
- 1 fetë polentë e përgatitur, e prerë në copë 4x4 inç
- 1/4 C. salcë spageti, ose sipas nevojës
- 1 oz. djathë mocarela e grirë

Drejtimet

a) Në një tigan të madh, ngrohni vajin në zjarr mesatar dhe kaurdisni sallamin, piperin, kërpudhat dhe qepën për rreth 10-15 minuta.
b) Transferoni përzierjen në një tas të madh.
c) Në të njëjtën tigan, shtoni polentën dhe gatuajeni për rreth 5 minuta nga të dyja anët.
d) Mbi polentën hidhni përzierjen e salsiçeve, më pas salcën e spagetit dhe djathin mocarela.

e) Gatuani për rreth 5-10 minuta.

67. Pica në stilin e New Orleans

Përbërës

- 8 ullinj të zinj të zinj, pa koriza
- 8 ullinj jeshil pa kokrra
- 2 lugë selino të copëtuara
- 2 lugë qepë të kuqe të grirë
- 2 thelpinj hudhra te grira
- 6 gjethe borzilok të freskët të copëtuar
- 1 lugë majdanoz i freskët i grirë
- 2 luge vaj ulliri
- 1/2 lugë çaji rigon të tharë
- kripë dhe piper i zi i sapo bluar për shije
- 1 (16 oz.) pako kore e gatshme e pices
- 1 luge vaj ulliri
- 1/2 lugë çaji pluhur hudhër për shije dhe kripë për shije
- 2 oz. djathë mocarela dhe 2 oz. djathë provolone
- 2 oz. djathë parmixhano i grirë
- 2 oz. sallam i fortë i prerë hollë, i prerë në rripa
- 2 oz. Mortadella e prerë hollë, e prerë në rripa
- 4 oz. proshuta e prerë hollë, e prerë në rripa

Drejtimet

a) Në një enë përzieni së bashku ullinjtë, qepën, selinon, hudhrën, barishtet e freskëta, rigonin e thatë, kripën, piperin e zi dhe vajin.
b) Mbulojeni dhe vendoseni në frigorifer që të ftohet para përdorimit.
c) Vendoseni furrën tuaj në 500 gradë F.
d) Lyejeni koren e picës me vaj dhe spërkatni me pluhur hudhre dhe kripë.
e) Vendosni koren e picës mbi raftin e furrës dhe gatuajeni gjithçka në furrë për rreth 5 minuta.
f) Hiqni gjithçka nga furra dhe lëreni mënjanë të ftohet plotësisht.
g) Tani, vendoseni furrën në broiler.
h) Në një enë, përzieni të gjithë pjesën e mbetur.
i) Shtoni përzierjen e ullirit dhe përzieni që të bashkohen.
j) Vendoseni përzierjen mbi kore në mënyrë të barabartë dhe gatuajeni nën brojler për rreth 5 minuta.
k) Pritini enën në fetat e dëshiruara dhe shërbejeni.

68. Pica e së enjtes mbrëma

Përbërës

- 10 oz lëngu. ujë të ngrohtë
- 3/4 lugë çaji kripë
- 3 lugë vaj vegjetal
- 4 C. miell për të gjitha përdorimet
- 2 lugë çaji maja e thatë aktive
- 1 (6 oz.) kanaçe paste domate
- 3/4 C. ujë
- 1 (1,25 oz.) paketë përzierje erëzash taco, e ndarë
- 1 lugë çaji pluhur djegës
- 1/2 lugë çaji piper kajen
- 1 (16 oz.) kanaçe fasule të skuqura pa yndyrë
- 1/3 C. salsa
- 1/4 C. qepë e copëtuar
- 1/2 £ mish viçi i bluar
- 4 C. djathë çedër i grirë

Drejtimet

a) Në makinën e bukës shtoni ujin, kripën, vajin, miellin dhe majanë sipas rendit të rekomanduar nga prodhuesi.
b) Zgjidhni ciklin e brumit.
c) Kontrolloni brumin pas disa minutash.

d) Nëse është shumë e thatë dhe nuk përzihet ngadalë, shtoni ujë 1 lugë gjelle në të njëjtën kohë, derisa të përzihet dhe të ketë një konsistencë të këndshme brumi.
e) Ndërkohë, në një tas të vogël, përzieni së bashku pastën e domates, 3/4 e paketës së përzierjes së erëzave taco, specin kajen, pluhurin djegës dhe ujin.
f) Në një enë tjetër, përzieni së bashku salsën, fasulet e skuqura dhe qepën.
g) Ngrohni një tigan të madh dhe gatuajeni mishin e grirë derisa të skuqet plotësisht.
h) Kullojeni yndyrën e tepërt nga tigani.
i) Shtoni 1/4 paketën e mbetur të erëzave taco dhe një sasi të vogël uji dhe ziejini për disa minuta.
j) Hiqni gjithçka nga zjarri.
k) Vendoseni furrën tuaj në 400 gradë F përpara se të vazhdoni.
l) Pasi të përfundojë cikli i brumit, hiqeni brumin nga makina.
m) Ndani brumin në 2 pjesë dhe vendoseni në dy tepsi 12 inç.
n) Përhapeni një shtresë të përzierjes së fasules mbi çdo brumë, e ndjekur nga një shtresë e përzierjes së pastës së

domates, përzierjes së viçit dhe djathit çedër.

o) Gatuani gjithçka në furrë për rreth 10-15 minuta, duke e kthyer në gjysmë të kohës së pjekjes.

69. Pica me perime të përziera

Përbërës

- 1 luge vaj ulliri
- 1 (12 oz.) qese perime të përziera
- 1 (10 oz.) kore picash me grurë të pjekur paraprakisht
- 1 C. salcë pica e përgatitur
- 1 oz. peperoni në feta
- 1 C. djathë mocarela e grirë

Drejtimet

a) Vendoseni furrën tuaj në 450 gradë F përpara se të bëni ndonjë gjë tjetër.
b) Në një tigan të madh që nuk ngjit, ngrohni vajin në nxehtësi mesatare-të lartë dhe ziejini perimet e përziera për rreth 10 minuta, duke i përzier herë pas here.
c) Vendosni koren e picës në një fletë pjekjeje.
d) Përhapeni salcën e picës mbi kore në mënyrë të barabartë dhe sipër me përzierjen e perimeve, peperoni dhe djathin mocarela.
e) Gatuani gjithçka në furrë për rreth 10 minuta

70. Pica Hamburger

Përbërës

- 8 simite hamburgeri, të ndarë
- 1 paund mish viçi të bluar
- 1/3 C. qepë, e copëtuar
- 1 (15 oz.) kanaçe salcë pice
- 1/3 C. djathë parmixhano i grirë
- 2 1/4 lugë çaji erëza italiane
- 1 lugë çaji pluhur hudhër
- 1/4 lugë çaji pluhur qepë
- 1/8 lugë çaji thekon spec të kuq të grimcuar
- 1 lugë çaji paprika
- 2 C. djathë mocarela e grirë

Drejtimet

a) Vendoseni furrën në broiler dhe rregulloni raftin e furrës rreth 6 inç nga elementi ngrohës.
b) Në një tepsi, rregulloni gjysmat e simiteve, me anën e kores poshtë dhe gatuajeni gjithçka nën brojler për rreth 1 minutë.
c) Tani, vendoseni furrën në 350 gradë F.
d) Ngroheni një tigan të madh në nxehtësi mesatare dhe gatuajeni mishin për rreth 10 minuta.

e) Kullojeni yndyrën e tepërt nga tigani.
f) Përzieni qepën dhe skuqni gjithçka për rreth 5 minuta.
g) Shtoni pjesën e mbetur përveç djathit mocarela dhe lëreni të ziejë.
h) Ziejini, duke e përzier herë pas here për 10-15 minuta.
i) Vendosni simitet në një tepsi dhe sipër me përzierjen e mishit të viçit dhe djathin mocarela në mënyrë të barabartë.
j) Gatuani gjithçka në furrë për rreth 10 minuta.

71. Krem pica

Përbërës

- 1 paund sallam i bluar
- 2 (12 inç) kore picash të përgatitura
- 12 vezë
- 3/4 C. qumësht
- kripë dhe piper për shije
- 1 (10,75 oz.) kanaçe kremi i kondensuar me supë me selino
- 1 (3 oz.) kanaçe proshutë
- 1 qepë e vogël, e grirë
- 1 piper jeshil i vogël, i grirë
- 4 C. djathë çedër i grirë

Drejtimet

a) Vendoseni furrën tuaj në 400 gradë F përpara se të bëni ndonjë gjë tjetër.
b) Nxehni një tigan të madh në nxehtësi mesatare-të lartë dhe gatuajeni salsiçen derisa të skuqet plotësisht.

c) Kaloni salsiçen në një pjatë të veshur me peshqir letre që të kullojë dhe më pas thërrmoni.
d) Ndërkohë në një enë hedhim qumështin, vezët, kripën dhe piperin e zi dhe i rrahim mirë.
e) Në të njëjtën tigan me salsiçe, përzieni vezët derisa të mpiksen plotësisht.
f) Rregulloni koret e picës me kokë poshtë në fletët e biskotave dhe gatuajeni gjithçka në furrë për rreth 5-7 minuta.
g) Hiqni koret nga furra dhe kthejeni anën e kundërt lart.
h) Sipër çdo kore shpërndani rreth 1/2 kanaçe me kremin e supës me selino.
i) Vendosni 1/2 e përzierjes së vezëve në secilën kore.
j) Vendosni copat e proshutës mbi 1 picë dhe sipër picës tjetër me salsiçen e grimcuar.
k) Mbi çdo picë hidhni qepë, speca dhe 2 C. djathë.
l) Gatuani gjithçka në furrë, për rreth 25-30 minuta.

72. Pica Roma Fontina

Përbërës

- 1/4 C. vaj ulliri
- 1 lugë hudhër të grirë
- 1/2 lugë çaji kripë deti
- 8 domate rome te prera ne feta
- 2 (12 inç) kore picash të pjekura paraprakisht
- 8 oz. djathë mocarela e grirë
- 4 oz. djathë Fontina i grirë
- 10 gjethe borziloku të freskët, të grira
- 1/2 C. djathë parmixhano i sapo grirë
- 1/2 C. djathë feta e thërrmuar

Drejtimet

a) Vendoseni furrën tuaj në 400 gradë F përpara se të bëni ndonjë gjë tjetër.

b) Në një enë përzieni së bashku domatet, hudhrën, vajin dhe kripën dhe mbajini mënjanë për rreth 15 minuta.

c) Lyejeni çdo kore picash me pak marinadë me domate.

d) Mbi gjithçka me djathërat Mozzarella dhe Fontina, më pas domatet, borziloku, parmixhani dhe djathi feta.

73. Pica me pule me spinaq pikante

Përbërës

- 1 C. ujë të ngrohtë
- 1 lugë sheqer të bardhë
- 1 (.25 oz.) paketë maja e thatë aktive
- 2 lugë vaj vegjetal
- 3 C. miell për të gjitha përdorimet
- 1 lugë çaji kripë
- 6 feta proshutë
- 6 lugë gjelle gjalpë
- 2 thelpinj hudhre, te grira
- 1 1/2 C. krem i trashë
- 2 te verdha veze
- 1/2 C. djathë parmixhano i sapo grirë
- 1/2 C. djathë Romano i sapo grirë
- 1/8 lugë çaji arrëmyshk i bluar
- 1/2 lugë çaji paprika
- 1/4 lugë çaji piper kajen
- 1/4 lugë çaji qimnon i bluar
- 1/4 lugë çaji trumzë të thatë të grimcuar
- 1/8 lugë çaji kripë
- 1/8 lugë çaji piper të bardhë të bluar
- 1/8 lugë çaji pluhur qepë
- 2 gjysma gjoksi pule pa lëkurë dhe pa kocka
- 1 lugë vaj vegjetal
- 1 C. djathë mocarela e grirë
- 1/2 C. gjethe spinaqi bebe

- 3 lugë djathë parmixhano të sapo grirë
- 1 domate rome e prerë ne kubik

Drejtimet

a) Në tasin e punës të një mikseri të madh, të pajisur me një grep brumi, shtoni ujin, sheqerin, majanë dhe 2 lugë gjelle vaj vegjetal dhe përziejini për disa sekonda me shpejtësi të ulët.

b) Ndajmë mikserin dhe shtojmë miellin dhe kripën dhe sërish nisim mikserin me shpejtësi të ulët dhe e përziejmë derisa masa e miellit të bashkohet plotësisht me masën e majave.

c) Tani, kthejeni shpejtësinë në mesatare-të ulët dhe gatuajeni brumin me makinë për rreth 10 deri në 12 minuta.

d) Spërkateni brumin me miell herë pas here nëse ngjitet në anët e tasit.

e) Formoni brumin në një top dhe vendoseni gjithçka në një tas të lyer me yndyrë dhe kthejeni brumin në tas disa herë që të lyhet me vaj në mënyrë të barabartë.

f) Mbulojeni brumin me një peshqir dhe mbajeni në një vend të ngrohtë për të paktën 30 minuta deri në 1 orë.

g) Nxehni një tigan të madh në nxehtësi mesatare-të lartë dhe gatuajeni proshutën derisa të skuqet plotësisht.
h) Kaloni proshutën në një pjatë të veshur me peshqir letre që të kullojë dhe më pas e prisni.
i) Në një tigan të madh shkrini gjalpin dhe në zjarr mesatar dhe skuqni hudhrat për rreth 1 minutë.
j) Hidhni kremin dhe të verdhat e vezëve dhe rrihni derisa të jenë të lëmuara.
k) Hidhni rreth 1/2 C. djathë parmixhano, djathë Romano, arrëmyshk dhe kripë dhe lërini të ziejnë lehtë në zjarr të ulët.
l) Ziejini duke e përzier vazhdimisht për rreth 3-5 minuta.
m) Hiqeni gjithçka nga zjarri dhe mbajeni mënjanë.
n) Vendoseni furrën tuaj në 350 gradë F përpara se të vazhdoni.
o) Në një enë përzieni trumzën, qimnonin, specin e kuq, specin kajen, pluhurin e qepës, 1/8 lugë çaji kripë dhe piper të bardhë.
p) Fërkoni njërën anë të çdo gjoksi pule me përzierjen e erëzave në mënyrë të barabartë.
q) Në një tigan, ngrohni 1 lugë gjelle vaj vegjetal në zjarr të lartë dhe skuqni

gjokset e pulës, nga ana e erëzave, për rreth 1 minutë për çdo anë.

r) Transferoni gjokset e pulës në një tepsi.
s) Gatuani gjithçka në furrë për rreth 5-10 minuta, ose derisa të jetë gati plotësisht.
t) Hiqni gjithçka nga furra dhe priteni në feta.
u) Vendoseni brumin e picës në një sipërfaqe të lyer me miell dhe shtypeni me grusht dhe më pas hapeni.
v) Vendoseni koren e picës në një tepsi të rëndë pjekjeje.
w) Me një pirun, hapni disa vrima në kore dhe gatuajeni gjithçka në furrë për rreth 5-7 minuta.
x) Hiqni gjithçka nga furra dhe vendosni salcën Alfredo mbi kore në mënyrë të barabartë, më pas djathin mocarela, fetat e pulës, gjethet e spinaqit, proshutën dhe 3 lugë gjelle djathë parmixhano.
y) Gatuani gjithçka në furrë për rreth 15-20 minuta.
z) Shërbejeni me një majë domate rome të copëtuara.

74.   Pica për Pashkë

Përbërës

- 1/2 paund sallam me shumicë italiane
- vaj ulliri
- 1 (1 lb.) brumë buke të ngrirë, të shkrirë
- 1/2 paund djathë mocarela e prerë në feta
- 1/2 paund proshutë e gatuar në feta
- 1/2 paund djathë provolone të prerë në feta
- 1/2 paund sallam i prerë në feta
- 1/2 paund peperoni në feta
- 1 (16 oz.) enë djathë rikota
- 1/2 C. djathë parmixhano i grirë
- 8 vezë të rrahura
- 1 vezë
- 1 lugë çaji ujë

Drejtimet

a) Ngroheni një tigan të madh në nxehtësi mesatare dhe gatuajeni salsiçen për rreth 5-8 minuta.
b) Kullojeni yndyrën e tepërt nga tigani dhe vendoseni sallamin në një tas.
c) Vendoseni furrën tuaj në 350 gradë F dhe lyeni një tavë me shkumë 10 inç me vaj ulliri.

d) Prisni 1/3 e brumit nga buka dhe mbajeni mënjanë nën një leckë.
e) Formoni 2/3 e mbetur të brumit në një top dhe vendoseni në një sipërfaqe të lyer me miell, më pas rrotullojeni në një rreth 14 inç.
f) Vendoseni brumin në tavën e përgatitur me susta, duke e lejuar brumin të varet mbi buzë me 2 inç rreth e rrotull.
g) Mbi kore vendosim gjysmën e sallamit të gatuar, më pas gjysmën e djathit mocarela, gjysmën e proshutës, gjysmën e djathit provolone, gjysmën e sallamit dhe gjysmën e peperonit.
h) Mbi të gjitha me djathë ricotta, e ndjekur nga gjysma e djathit parmixhano mbi rikotën, gjysmën e vezëve të rrahura.
i) Përsëritni të gjitha shtresat një herë.
j) Hapeni pjesën e mbetur të brumit të bukës në një rreth 12 inç.
k) Vendoseni copën mbi byrekun e picës për të formuar koren e sipërme dhe rrotullojeni, më pas kapeni koren e poshtme mbi koren e sipërme për të vulosur mbushjen.
l) Në një tas të vogël rrihni 1 vezë me ujë dhe lyeni sipër byrekut me larjen e vezëve.

m) Gatuani gjithçka në furrë për rreth 50-60 minuta ose derisa një kruese dhëmbësh e futur në qendër të kores të dalë e pastër.

75. Pica Super-Bowl

Përbërës

- 3 patate, të pastruara
- 6 feta proshutë
- 1 (6,5 oz.) paketë përzierje e kores së picës
- 1/2 C. ujë
- 1/4 C. vaj ulliri
- 1 lugë gjelle gjalpë, i shkrirë
- 1/4 lugë çaji pluhur hudhër
- 1/4 lugë çaji erëza italiane të thata
- 1/2 C. salcë kosi
- 1/2 C. Veshje në Ranch
- 3 qepë të njoma, të grira
- 1 1/2 C. djathë mocarela e grirë
- 1/2 C. djathë cheddar i grirë

Drejtimet

a) Vendoseni furrën tuaj në 450 gradë F përpara se të bëni ndonjë gjë tjetër.
b) Me një pirun i shpojmë disa herë patatet dhe i rregullojmë në një tepsi.
c) Gatuani gjithçka në furrë për rreth 50-60 minuta.
d) Hiqni gjithçka nga furra dhe ftohni, më pas qëroni.

e) Nxehni një tigan të madh në nxehtësi mesatare-të lartë dhe gatuajeni proshutën për rreth 10 minuta.
f) Transferoni proshutën në një pjatë të veshur me peshqir letre që të kullojë dhe më pas thërrmoni.
g) Tani, vendoseni furrën në 400 gradë F dhe lyeni pak me yndyrë një tavë pice.
h) Në një tas të madh, shtoni përzierjen e kores së picës, vajin dhe ujin dhe me një pirun përzieni derisa të bashkohen mirë.
i) Vendoseni brumin në një sipërfaqe të lyer pak me miell dhe gatuajeni për rreth 8 minuta.
j) Mbajeni mënjanë për rreth 5 minuta.
k) Formoni brumin në një rreth të sheshtë dhe vendoseni në tavën e përgatitur të picës, duke e lënë brumin të varet pak mbi buzë.
l) Gatuani gjithçka në furrë për rreth 5-6 minuta.
m) Në një tas të madh, përzieni së bashku patatet, gjalpin, pluhurin e hudhrës dhe erëzat italiane.
n) Në një tas të vogël, përzieni së bashku salcën e thartë dhe dressing-in.
o) Vendoseni përzierjen e kosit mbi kore në mënyrë të barabartë dhe sipër me përzierjen e patateve, më pas proshutën,

qepët, djathin mocarela dhe djathin Cheddar.

p) Gatuani gjithçka në furrë për rreth 15-20 minuta.

76. Pica me bukë të sheshtë

Përbërës

- 1 luge vaj ulliri
- 6 kërpudha crimini, të prera në feta
- 3 thelpinj hudhër, të prera
- 1 majë kripë dhe piper i zi i bluar
- 1 luge vaj ulliri
- 8 shtiza asparagus të freskët, të prerë dhe të prerë në copa 2 inç
- 1/2 paund proshutë e tymosur me mollë, e prerë në copa 2 inç
- 1 (12 inç) kore pice e përgatitur me bukë të sheshtë
- 3/4 C. salcë marinara e përgatitur
- 1/2 C. djathë mocarela e grirë
- 1/2 C. djathë Asiago i grirë

Drejtimet

a) Vendoseni furrën tuaj në 400 gradë F përpara se të bëni ndonjë gjë tjetër dhe vendosni një fletë pjekjeje me fletë metalike.

b) Në një tigan të madh ngrohim 1 lugë vaj në zjarr mesatar dhe kaurdisim kërpudhat, hudhrën, kripën dhe piperin e zi për rreth 10 minuta.

c) Hiqeni gjithçka nga zjarri dhe mbajeni mënjanë.
d) Në një tigan tjetër të madh, ngrohni 1 lugë gjelle vaj në nxehtësi mesatare dhe ziejini shpargujt për rreth 8 minuta, duke i përzier herë pas here.
e) Transferoni shpargujt në një tas.
f) Ulni nxehtësinë në mesatare dhe në të njëjtën tigan gatuajeni proshutën për rreth 10 minuta.
g) Transferoni proshutën në një pjatë të veshur me peshqir letre për ta kulluar.
h) Rregulloni koren e bukës së sheshtë në fletën e përgatitur për pjekje.
i) Vendoseni salcën marinara mbi kore në mënyrë të barabartë, më pas përzierjen e kërpudhave, shpargujt, proshutën, djathin mocarela dhe djathin Asiago.
j) Gatuani gjithçka në furrë për rreth 12-15 minuta.

77.   Pica herët në mëngjes

Përbërës

- 1 paund sallam i bluar derri
- 1 (8 oz.) paketë brumë me role gjysmëhënë në frigorifer, ose sipas nevojës
- 8 oz. Djathë i butë Cheddar, i grirë
- 6 vezë
- 1/2 C. qumësht
- 1/2 lugë çaji kripë
- piper i zi i bluar per shije

Drejtimet

a) Vendoseni furrën tuaj në 425 gradë F përpara se të bëni ndonjë gjë tjetër.
b) Ngrohni një tigan të madh në nxehtësi mesatare dhe gatuajeni mishin derisa të skuqet plotësisht.
c) Kullojeni yndyrën e tepërt nga tigani.
d) Vendoseni brumin me role gjysmëhënë në një enë pjekjeje të lyer me yndyrë 13x9 inç.
e) Vendosim salsiçen dhe djathin çedar mbi brumin me role gjysmëhënës në mënyrë të barabartë.
f) Mbulojeni enën e pjekjes me mbështjellës plastik dhe vendoseni në

frigorifer për rreth 8 orë deri në një natë.
g) Vendoseni furrën tuaj në 350 gradë F.
h) Në një enë shtoni vezët, qumështin, kripën dhe piperin e zi dhe i rrahim mirë.
i) Vendoseni përzierjen e vezëve mbi salsiçen dhe djathin në enën e pjekjes në mënyrë të barabartë.
j) Me pak petë mbuloni enën e pjekjes dhe gatuajeni gjithçka në furrë për rreth 20 minuta.
k) Tani, vendoseni furrën në 325 gradë F përpara se të vazhdoni.
l) Zbuloni enën e pjekjes dhe gatuajeni gjithçka në furrë për rreth 15-25 minuta.

78. Pica Backroad

Përbërës

- 1 paund mish viçi i bluar
- 1 (10,75 oz.) kanaçe krem i kondensuar i supës me kërpudha, i paholluar
- 1 (12 inç) kore e hollë pice e pjekur paraprakisht
- 1 (8 oz.) pako djathë çedar i grirë

Drejtimet

a) Vendoseni furrën tuaj në 425 gradë F përpara se të bëni ndonjë gjë tjetër.
b) Ngrohni një tigan të madh në nxehtësi mesatare dhe gatuajeni mishin derisa të skuqet plotësisht.
c) Kullojeni yndyrën e tepërt nga tigani.
d) Vendoseni kremin e supës me kërpudha mbi koren e picës në mënyrë të barabartë dhe sipër viçin e zier, e më pas djathin.
e) Gatuani gjithçka në furrë për rreth 15 minuta.

79. Pica miqësore për fëmijë

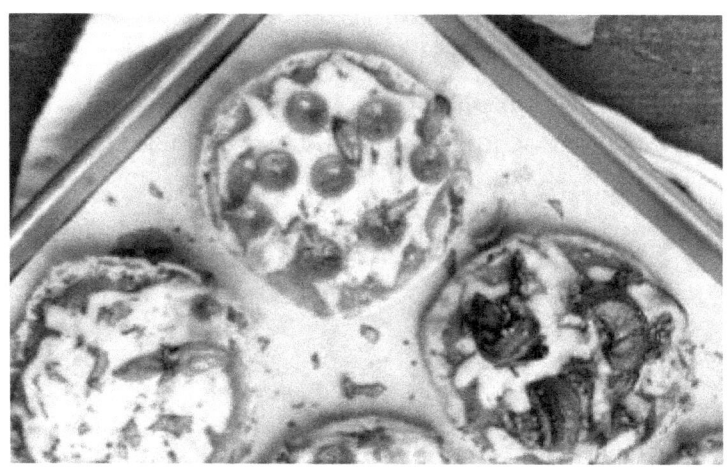

Përbërës

- 1 paund mish viçi të bluar
- 1 paund sallam i freskët, i bluar derri
- 1 qepë, e grirë
- 10 oz. djathë amerikan i përpunuar, i prerë në kubikë
- 32 oz. bukë thekre koktej

Drejtimet

a) Vendoseni furrën tuaj në 350 gradë F përpara se të bëni ndonjë gjë tjetër.
b) Ngrohni një tigan të madh dhe gatuajeni sallamin dhe viçin derisa të skuqen plotësisht.
c) Shtoni qepën dhe gatuajeni derisa të zbutet dhe kulloni yndyrën e tepërt nga tigani.
d) Përzieni ushqimin e djathit të përpunuar dhe gatuajeni derisa djathi të shkrihet.
e) Në një fletë biskotash, vendosni fetat e bukës dhe sipër çdo fete me një lugë të mbushur me përzierjen e mishit të viçit.
f) Gatuani gjithçka në furrë për rreth 12-15 minuta.

80. Pica në stilin Pensilvani

Përbërës

- 1 (1 paund) brumë bukë gruri të ngrirë, të shkrirë
- 1/2 C. mijë salcë ishulli
- 2 C. djathë zviceran i grirë
- 6 oz. mish viçi i grirë i prerë në feta, i prerë në rripa
- 1 C. lakër turshi - shpëlahet dhe kullohet
- 1/2 lugë çaji farë qimnoni
- 1/4 C. turshi të copëtuara të koprës (opsionale)

Drejtimet

a) Vendoseni furrën tuaj në 375 gradë F përpara se të bëni ndonjë gjë tjetër dhe lyeni me yndyrë një tavë pice.
b) Në një sipërfaqe të lyer pak me miell, rrotulloni brumin e bukës në një rreth të madh rreth 14 inç të gjerë.
c) Vendoseni brumin në tavën e përgatitur të picës dhe ngjisni skajet.
d) Gatuani gjithçka në furrë për rreth 20-25 minuta.
e) Hiqni gjithçka nga furra dhe sipër vendosni gjysmën e salcës së sallatës në mënyrë të barabartë, më pas gjysmën e

djathit zviceran, mishin e grirë, pjesën e mbetur të salcës së sallatës, lakër turshi dhe djathin e mbetur zviceran.
f) Hidhni sipër farat e qimnonit në mënyrë të barabartë.
g) Gatuani gjithçka në furrë për rreth 10 minuta.
h) Hiqni gjithçka nga furra dhe sipër fusni turshinë e grirë.

81. Pica me dhallë

Përbërës

- 1 paund mish viçi të bluar
- 1/4 paund sallam me spec të prerë në feta
- 1 (14 oz.) kanaçe salcë pice
- 2 (12 oz.) pako brumë biskota me dhallë në frigorifer
- 1/2 qepë, e prerë në feta dhe e ndarë në rrathë
- 1 (10 oz.) kanaçe ullinj të zinj të prerë në feta
- 1 (4,5 oz.) kanaçe kërpudha të prera në feta
- 1 1/2 C. djathë mocarela e grirë
- 1 C. djathë Cheddar i grirë

Drejtimet

a) Vendoseni furrën tuaj në 400 gradë F përpara se të bëni ndonjë gjë tjetër dhe lyeni me yndyrë një enë pjekjeje 13x9 inç.
b) Nxehni një tigan të madh në nxehtësi mesatare-të lartë dhe gatuajeni mishin derisa të skuqet plotësisht.

c) Shtoni specin dhe gatuajeni derisa të skuqet dhe kullojeni yndyrën e tepërt nga tigani.
d) Përzieni salcën e picës dhe hiqni gjithçka nga zjarri.
e) Pritini çdo biskotë në katërsh dhe rregulloni në enën e përgatitur për pjekje.
f) Vendoseni masën e mishit të viçit mbi biskotat në mënyrë të barabartë dhe sipër i hidhni qepë, ullinj dhe kërpudha.
g) Gatuani gjithçka në furrë për rreth 20-25 minuta.

82. Pica Worcestershire

Përbërës

- 1/2 paund mish viçi i grirë pa dhjamë
- 1/2 C. peperoni të prerë në kubikë
- 1 1/4 C. salcë pice
- 1 C. djathë feta e thërrmuar
- 1/2 lugë çaji salcë Worcestershire
- 1/2 lugë çaji salcë piper djegës
- kripë dhe piper i zi i bluar për shije
- llak gatimi
- 1 (10 oz.) kanaçe brumë biskotash në frigorifer
- 1 e verdhe veze
- 1 C. djathë mocarela e grirë

Drejtimet

a) Vendoseni furrën tuaj në 375 gradë F përpara se të bëni ndonjë gjë tjetër dhe lyeni një fletë biskotash.
b) Nxehni një tigan të madh në nxehtësi mesatare-të lartë dhe gatuajeni mishin derisa të skuqet plotësisht.
c) Kullojeni yndyrën e tepërt nga tigani dhe zvogëloni nxehtësinë në mesatare.
d) Hidhni salcën e picës, peperonin, fetën, salcën me spec djegës, salcën

Worcestershire, kripë dhe piper dhe skuqini për rreth 1 minutë.

e) Ndani biskotat dhe vendosini në një fletë biskotash të përgatitura rreth 3 inç larg njëra-tjetrës.

f) Me pjesën e poshtme të një gote, shtypni secilën biskotë për të formuar një biskotë të rrumbullakët 4 inç me buzë 1/2 inç rreth skajit të jashtëm.

g) Në një tas të vogël, shtoni të verdhën e vezës dhe 1/4 e lugës së vogël me ujë dhe rrihni mirë.

h) Vendosni rreth 1/4 C. të përzierjes së viçit në çdo filxhan biskotash dhe sipër me djathin mocarela.

i) Gatuani gjithçka në furrë për rreth 15-20 minuta.

83. Pica me mish viçi BBQ

Përbërës

- 1 (12 oz.) pako Suxhuk viçi, i prerë në feta 1/4 inç.
- 2 pako (14 oz.) Kore picash italiane me madhësi 12 inç
- 2/3 C. salcë barbekju e përgatitur
- 1 C. qepë e kuqe e prerë hollë
- 1 spec zile jeshile, me fara, te prere ne rripa te holle
- 2 C. djathë mocarela e grirë

Drejtimet

a) Vendoseni furrën tuaj në 425 gradë F përpara se të bëni ndonjë gjë tjetër.
b) Rregulloni koret e picës në 2 fletë pjekjeje.
c) Përhapeni në mënyrë të barabartë salcën e Barbecue në secilën kore, më pas salsiçen, qepën e kuqe, piperin dhe djathin mocarela.
d) Gatuani gjithçka në furrë për rreth 20 minuta.

84. Pica Rigatoni

Përbërës

- 1 1/2 paund mish viçi i bluar
- 1 (8 oz.) pako makarona rigatoni
- 1 (16 oz.) pako djathë mocarela e grirë
- 1 (10,75 oz.) kanaçe kremi i kondensuar i supës me domate
- 2 (14 oz.) kavanoza salcë pice
- 1 (8 oz.) pako sallam me speca me feta

Drejtimet

a) Në një tigan të madh me ujë të vluar pak të kripur, ziejini makaronat për rreth 8-10 minuta.
b) Kullojeni mirë dhe mbajeni mënjanë.
c) Ndërkohë, ngrohni një tigan të madh në nxehtësi mesatare-të lartë dhe gatuajeni mishin derisa të skuqet plotësisht.
d) Kullojeni yndyrën e tepërt nga tigani.
e) Në një tenxhere të ngadaltë vendosni mishin e viçit, më pas makaronat, djathin, supën, salcën dhe salsiçen me speca.
f) Vendoseni tenxheren e ngadalte ne gjendje te ulet dhe gatuajeni te mbuluar per rreth 4 ore.

85. Pica në stilin meksikan

Përbërës

- 1 paund mish viçi të bluar
- 1 qepë, e grirë
- 2 domate mesatare, të grira
- 1/2 lugë çaji kripë dhe 1/4 lugë çaji piper
- 2 lugë çaji pluhur djegës dhe 1 lugë qimnon të bluar
- 1 (30 oz.) kanaçe fasule të skuqura
- 14 (12 inç) tortilla me miell
- 2 C. salcë kosi
- 1 1/4 £ djathë Colby i grirë
- 1 1/2 paund djathë Monterey Jack i grirë
- 2 speca zile të kuqe, të prera dhe të prera hollë
- 4 speca zile jeshile, te prera dhe te prera holle
- 1 (7 oz.) kanaçe djegës jeshil të prerë në kubikë, të kulluar dhe 3 domate, të prera
- 1 1/2 C. mish pule i gatuar i grirë
- 1/4 C. gjalpë, i shkrirë
- 1 (16 oz.) kavanoz salcë picante

Drejtimet

a) Vendoseni furrën tuaj në 350 gradë F përpara se të bëni ndonjë gjë tjetër dhe lyeni me yndyrë një tavë pelte 15x10 inç.

b) Ngrohni një tigan të madh në nxehtësi mesatare dhe gatuajeni mishin derisa të skuqet plotësisht.
c) Kullojeni yndyrën e tepërt nga tigani.
d) Shtoni qepën dhe 2 domate dhe ziejini derisa të zbuten.
e) Përzieni fasulet e skuqura, pluhurin djegës, qimnonin, kripën dhe piperin dhe gatuajini derisa të nxehen plotësisht.
f) Vendosni 6 tortilje në tavën e përgatitur me skajet që shkojnë mirë mbi anët e tavës.
g) Përhapeni përzierjen e fasuleve mbi tortilla në mënyrë të barabartë, pasuar nga gjysma e kosit, 1/3 e djathit Colby, 1/3 e djathit Monterey Jack, 1 lugë gjelle djegës jeshil, 1/3 e rripave të piperit jeshil, dhe 1/3 e rripave të piperit të kuq dhe 1/3 e domates së grirë.
h) Vendosni 4 tortilla mbi toppings, dhe sipër me salcë kosi të mbetur, e ndjekur nga pula e grirë, 1/3 e të dy djathrave, specat e kuq dhe jeshil, djegëset dhe domatet.
i) Tani, vendosni 4 tortilla, të ndjekura nga djathrat e mbetur, specat, domatet, specat djegës dhe duke përfunduar me pak djathë të grirë sipër.

j) Palosni skajet e varura nga brenda dhe fiksoni me kruese dhëmbësh.
k) Lyejeni sipërfaqet e tortilës me gjalpë të shkrirë.
l) Gatuani gjithçka në furrë për rreth 35-45 minuta.
m) Hiqni krueset e dhëmbëve dhe mbajini mënjanë për të paktën 5 minuta përpara se t'i prisni në feta.
n) Shërbejeni me salcë picante.

86. Pica mesdhetare

Përbërës

- 2 domate me fara dhe te grira neper
- 1 lugë çaji kripë
- 8 oz. djathë mocarela e grirë
- 1 qepë e kuqe, e grirë trashë
- 1/4 C. borzilok i freskët i copëtuar
- 1/2 lugë çaji piper i zi i bluar
- 2 luge vaj ulliri
- 3 speca jalapeno të freskëta, të grira
- 1/2 C. ullinj të zinj të prerë në feta
- 1/2 C. kërpudha të freskëta të prera në feta
- 1/2 C. salcë pice
- 2 (12 inç) kore picash të pjekura paraprakisht
- 8 oz. djathë mocarela e grirë
- 1/4 C. djathë parmixhano i grirë

Drejtimet

a) Vendoseni furrën tuaj në 450 gradë F.
b) Në një sitë rrjetë, shtoni domatet dhe spërkatni me kripë në mënyrë të barabartë.
c) Mbajeni gjithçka në lavaman për rreth 15 minuta që të kullojë.

d) Në një tas të madh, përzieni së bashku 8 oz. nga mocarela, domate të kulluara, kërpudha, ullinj, qepë, speca jalapeño, borzilok dhe vaj.
e) Vendoseni salcën e domates mbi të dy koret në mënyrë të barabartë dhe sipër me përzierjen e domates, pasuar nga mocarela e mbetur dhe djathi parmixhan.
f) Gatuani gjithçka në furrë për rreth 8-10 minuta.

87. Pica me të gjitha specat dhe qepët

Përbërës

- 8 oz. sallam i bluar i derrit
- 5 vezë të rrahura lehtë
- 1 (12 inç) kore e përgatitur pica
- 1 C. djathë ricotta
- 1/4 C. qepë e kuqe e copëtuar
- 1/4 C. domate e freskët e copëtuar
- 1/4 C. piper i kuq i kuq i copëtuar
- 1/4 C. piper jeshil i grirë
- 8 oz. djathë mocarela e grirë

Drejtimet

a) Vendoseni furrën tuaj në 375 gradë F përpara se të bëni ndonjë gjë tjetër.
b) Nxehni një tigan të madh në nxehtësi mesatare-të lartë dhe gatuajeni salsiçen derisa të skuqet plotësisht.
c) Kulloni yndyrën e tepërt nga tigani dhe shtoni vezët, më pas gatuajeni derisa vezët të jenë të vendosura plotësisht.
d) Rregulloni koren e picës në një tavë pice dhe sipër me djathin rikota, duke lënë skajet e jashtme.
e) Vendoseni përzierjen e sallamit mbi djathin ricotta, më pas qepën, domaten,

specin e kuq dhe piperin jeshil dhe mocarelën.

f) Gatuani gjithçka në furrë për rreth 15 minuta.

88. DUA Pica

Përbërës

- 3 C. miell buke
- 1 (.25 oz.) zarf maja e thatë aktive
- 1 1/4 C. ujë të ngrohtë
- 3 lugë vaj ulliri ekstra të virgjër, të ndara
- 3 lugë rozmarinë të freskët të copëtuar
- 1 (14 oz.) kanaçe salcë pice
- 3 C. djathë mocarela e grirë
- 2 domate të pjekura, të prera në feta
- 1 kungull i njomë, i prerë në feta
- 15 feta pepperoni vegjetarian
- 1 (2,25 oz.) kanaçe ullinj të zinj të prerë në feta

Drejtimet

a) Në një makinë buke shtoni miellin, majanë, ujin dhe 2 lugë gjelle vaj ulliri sipas rendit të rekomanduar nga prodhuesi.
b) Zgjidhni cilësimin e brumit dhe shtypni Start.
c) Kur të përfundojë cikli, gatuajeni rozmarinë në brumë.
d) Vendoseni furrën tuaj në 400 gradë F.

e) Ndani brumin në tre pjesë me madhësi të barabartë.
f) Formoni secilën pjesë të brumit në një formë zemre rreth 1/2 inç të trashë dhe lyejeni secilën pjesë me vajin e mbetur të ullirit.
g) Përhapeni një shtresë të hollë salcë pice mbi çdo picë në mënyrë të barabartë dhe sipër me djathin, e ndjekur nga domatet, kungull i njomë, specat dhe ullinjtë.
h) Gatuani gjithçka në furrë për rreth 15-20 minuta.

89. Pica Tofu me patate

Përbërës

- 4 patate, të grira
- 1 qepë mesatare, e grirë
- 2 vezë, të rrahura
- 1/4 C. miell për të gjitha përdorimet
- 2 luge vaj ulliri
- 1 kungull i njomë, i prerë në feta hollë
- 1 kungull i verdhe i prere holle
- 1 spec zile jeshile, i grire
- 1 qepë, e prerë hollë
- 2 thelpinj hudhre, te grira
- 6 oz. tofu e fortë, e thërrmuar
- 2 domate, të prera në feta
- 2 lugë gjelle borzilok të freskët të copëtuar
- 1/2 C. salcë domatesh
- 1 C. djathë mocarela e grirë pa yndyrë

Drejtimet

a) Vendoseni furrën tuaj në 425 gradë F përpara se të bëni ndonjë gjë tjetër dhe lyeni me yndyrë një enë pjekjeje 12 inç.

b) Në një tas të madh, përzieni së bashku qepën e grirë, patatet, miellin dhe vezën dhe masën e vendosni në enën e

përgatitur për pjekje duke e shtypur lehtë.
c) Gatuani gjithçka në furrë për rreth 15 minuta.
d) Lyejeni sipër koren e patates me vaj dhe gatuajeni gjithçka në furrë për rreth 10 minuta.
e) Tani, vendosni koren nën brojler dhe gatuajeni për rreth 3 minuta.
f) Hiqeni koren nga furra.
g) Vendoseni përsëri furrën në 425 gradë F përpara se të vazhdoni.
h) Në një tas të madh përzieni tofu-n, piperin jeshil, kungullin e verdhë, kungullin e njomë, qepën e prerë në feta dhe hudhrën.
i) Ngrohni një tigan të madh që nuk ngjit dhe kaurdisni përzierjen e tofus derisa perimet të bëhen të buta.
j) Në një tas të vogël, përzieni së bashku salcën e borzilokut dhe domateve.
k) Vendoseni gjysmën e salcës së domates mbi kore në mënyrë të barabartë dhe sipër lyeni me perimet e gatuara dhe fetat e domates.
l) Përhapeni sipër në mënyrë të barabartë salcën e mbetur dhe spërkatni me djathë.

m) Gatuani gjithçka në furrë për rreth 7 minuta.

90. Pica greke

Përbërës

- 1 luge vaj ulliri
- 1/2 C. qepë e prerë në kubikë
- 2 thelpinj hudhre, te grira
- 1/2 (10 oz.) pako spinaq i ngrirë i copëtuar, i shkrirë dhe i shtrydhur i thatë
- 1/4 C. borzilok i freskët i copëtuar
- 2 1/4 lugë çaji lëng limoni
- 1 1/2 lugë çaji rigon të thatë
- piper i zi i bluar per shije
- 1 (14 oz.) pako kore picash në frigorifer
- 1 luge vaj ulliri
- 1 C. djathë mocarela e grirë
- 1 domate e madhe, e prere ne feta holle
- 1/3 C. thërrime buke me erëza
- 1 C. djathë mocarela e grirë
- 3/4 C. djathë feta i thërrmuar

Drejtimet

a) Vendoseni furrën tuaj në 400 gradë F përpara se të bëni ndonjë gjë tjetër.
b) Në një tigan të madh, ngrohni 1 lugë gjelle vaj dhe kaurdisni qepën dhe hudhrën për rreth 5 minuta.

c) Shtoni spinaqin dhe gatuajeni për rreth 5-7 minuta.
d) Hiqni gjithçka nga zjarri dhe menjëherë, përzieni rigonin, borzilokun, lëngun e limonit dhe piperin dhe mbajeni mënjanë të ftohet pak.
e) Hapeni brumin e picës në një fletë të madhe pjekjeje dhe lyejeni gjithçka me 1 lugë gjelle vaj ulliri të mbetur.
f) Vendoseni përzierjen e spinaqit mbi brumë, duke lënë një kufi të vogël në skajet.
g) Mbi spinaqin vendosni 1 C. djathë mocarela.
h) Në një tas, përzieni së bashku thërrimet e bukës dhe fetat e domates derisa të mbulohen plotësisht.
i) Vendosni fetat e domates mbi djathin mocarela, pasuar nga 1 C. e mbetur e djathit mocarela dhe djathit feta.
j) Gatuani gjithçka në furrë për rreth 15 minuta.

91.   Sallatë pica

Përbërës

Korja

- 1 3/4 C. miell për të gjitha përdorimet
- 1 zarf Maja me kore pice
- 1 1/2 lugë çaji sheqer
- 3/4 lugë çaji kripë
- 2/3 C. ujë shumë të ngrohtë
- 3 lugë vaj ulliri ekstra të virgjër

Mbushje

- 1 lugë gjelle vaj ulliri ekstra i virgjër
- 1/4 lugë çaji hudhër pluhur
- 2 C. djathë mocarela e grirë
- 1/4 C. qepë e copëtuar
- 1/4 C. karota të prera ose të prera hollë
- 4 C. marule rome e copëtuar
- 1 C. domate të freskëta të copëtuara
- 1/4 C. salcë sallatë italiane e përgatitur
- 1/4 C. djathë parmixhano i grirë

Drejtimet

a) Vendoseni furrën tuaj në 425 gradë F përpara se të bëni ndonjë gjë tjetër dhe

rregulloni raftin në të tretën e poshtme të furrës.
b) Lyeni me yndyrë një tavë pice.
c) Për koren në një tas të madh shtojmë miellin, sheqerin, majanë, vajin dhe ujin e ngrohtë dhe i përziejmë derisa të bashkohen mirë.
d) Ngadalë, shtoni miellin e mbetur dhe përzieni derisa të formohet një brumë pak ngjitës.
e) Vendoseni brumin në një sipërfaqe të lyer me miell dhe gatuajeni derisa brumi të bëhet elastik
f) E vendosim brumin në tavën e përgatitur të picës dhe e shtypim.
g) Me gishtat, kapni skajet për të formuar buzën.
h) Lyejeni koren me 1 lugë vaj dhe spërkatni me hudhër pluhur.
i) Në një enë përzieni së bashku karotat, qepët dhe djathin mocarela.
j) Mbushni koren me përzierjen e karotave në mënyrë të barabartë dhe gatuajeni gjithçka në furrë për rreth 15-18 minuta.
k) Ndërkohë në një enë përziejmë pjesën e mbetur.
l) Hiqeni gjithçka nga furra dhe lëreni mënjanë të ftohet për rreth 2-3 minuta.

m) Mbi picën me përzierjen e djathit parmixhano dhe shërbejeni menjëherë.

92. Pica ëmbëlsirë

Përbërës

- 1 1/2 C. miell për të gjitha përdorimet
- 2 lugë çaji sodë buke
- 1 lugë çaji kripë
- 2 1/3 C. tërshërë të mbështjellë
- 1 C. gjalpë
- 1 1/2 C. sheqer kaf i paketuar
- 2 vezë
- 1/2 lugë çaji ekstrakt vanilje
- 1 1/2 C. arrë kokosi të grirë
- 2 C. copëza çokollate gjysmë të ëmbël
- 1/2 C. arra të copëtuara
- 1 C. copa çokollate të veshura me karamele
- 1 C. kikirikë

Drejtimet

a) Vendoseni furrën tuaj në 350 gradë F përpara se të bëni ndonjë gjë tjetër dhe lyeni me yndyrë 2 tepsi picash (10 inç).
b) Në një tas të madh përzieni miellin, sodën e bukës dhe kripën.
c) Në një enë tjetër, shtoni gjalpin, vezët, sheqerin kaf dhe vaniljen dhe i rrahim derisa të bëhet një masë homogjene.

d) Shtoni përzierjen e miellit në masën e gjalpit dhe përzieni gjithçka derisa të bashkohet mirë.
e) Palosni arrat dhe 1/2 C. të kokosit.
f) Ndani brumin në 2 pjesë dhe vendoseni secilën pjesë në tavën e përgatitur të picës, duke shtypur gjithçka në rrathë 10 inç.
g) Gatuani gjithçka në furrë për rreth 10 minuta.
h) Hiqni çdo gjë nga furra dhe sipër i hidhni pjesën e mbetur të kokosit, patate të skuqura çokollatë, karamele dhe kikirikë.
i) Gatuani gjithçka në furrë për rreth 5-10 minuta.

93. Pica të vogla për piknik

Përbërës

- 1/2 lb sallam italian i bluar
- 1/2 lugë çaji kripë hudhër
- 1/4 lugë çaji rigon të tharë
- 1 C. ananas i grimcuar, i kulluar
- 4 kifle angleze, te ndara
- 1 (6 oz.) kanaçe paste domate
- 1 (8 oz.) pako djathë mocarela e grirë

Drejtimet

a) Vendoseni furrën tuaj në 350 gradë F përpara se të bëni ndonjë gjë tjetër dhe lyeni lehtë një fletë pjekjeje.
b) Nxehni një tigan të madh në nxehtësi mesatare-të lartë dhe gatuajeni salsiçen italiane derisa të skuqet plotësisht.
c) Kulloni yndyrën e tepërt dhe vendoseni sallamin në një tas.
d) Shtoni ananasin, hudhrën, rigonin dhe kripën dhe përziejini mirë.
e) Vendosni gjysmat e kifleve angleze në fletën e përgatitur të pjekjes në një shtresë të vetme.
f) Përhapeni salcën e domates mbi gjysmat e kifleve dhe sipër me përzierjen e sallamit dhe djathit mocarela.

g) Gatuani gjithçka në furrë për rreth 10-15 minuta.

94. Pica me arra tropikale

Përbërës

- 1 kore e gatshme pice
- 1 luge vaj ulliri
- 1 (13,5 oz.) enë krem djathi me shije frutash
- 1 (26 oz.) kavanoz feta mango, të kulluara dhe të prera
- 1/2 C. arra të copëtuara

Drejtimet

a) Gatuani koren e picës në furrë sipas paketimit.
b) Lyejeni koren me vaj në mënyrë të barabartë.
c) Përhapeni kremin e djathit mbi kore dhe sipër me mangon e grirë dhe arrat.
d) Pritini në feta të dëshiruara dhe shërbejeni.

95. Pica me pulë me boronicë

Përbërës

- 2 gjysma gjoksi pule pa lëkurë, pa kocka, të prera në copa sa një kafshatë
- 1 lugë vaj vegjetal
- 1 (12 inç) kore e përgatitur pica
- 1 1/2 C. salcë boronicë
- 6 oz. Djath Brie, i copëtuar
- 8 oz. djathë mocarela e grirë

Drejtimet

a) Vendoseni furrën tuaj në 350 gradë F
b) Në një tigan, ngrohni vajin dhe skuqni pulën derisa të gatuhet plotësisht.
c) Përhapeni salcën e boronicës së kuqe mbi koren e përgatitur të picës dhe sipër fusni pulën, më pas brie dhe mocarela.
d) Gatuani gjithçka në furrë për rreth 20 minuta.

96. Pica e ëmbël dhe e kripur

Përbërës

- 1 C. ujë të vakët
- 1 (.25 oz.) zarf maja e thatë aktive
- 3 C. miell për të gjitha përdorimet
- 1 lugë çaji vaj vegjetal
- 1 lugë çaji kripë
- 8 fiq të thatë
- 1 qepë e kuqe mesatare, e prerë hollë
- 1 luge vaj ulliri
- 1 majë kripë
- 1 lugë çaji trumzë e thatë
- 1 lugë çaji fara kopër
- 4 oz. djathe dhie
- 1 lugë vaj ulliri, ose sipas nevojës

Drejtimet

a) Në një tas të madh, shtoni ujin dhe spërkatni majanë sipër.
b) Mbajeni gjithçka mënjanë për disa minuta ose derisa të treten plotësisht.
c) Shtoni miellin, kripën dhe vajin dhe përziejini derisa të formohet një brumë i fortë.
d) Vendoseni brumin në një sipërfaqe të lyer me miell dhe gatuajeni për rreth 5 minuta.

e) Transferoni brumin në një tas të lyer me yndyrë dhe mbulojeni me një peshqir kuzhine.
f) Mbajeni gjithçka mënjanë për rreth 45 minuta.
g) Në një enë me ujë të vluar shtoni fiqtë dhe lërini mënjanë për rreth 10 minuta.
h) Kullojmë fiqtë dhe më pas i presim.
i) Ndërkohë në një tigan ngrohim 1 lugë vaj në zjarr mesatar dhe kaurdisim qepët derisa të zbuten.
j) Ulni nxehtësinë në të ulët dhe rregulloni me kripë.
k) Skuqeni për rreth 5-10 minuta më shumë.
l) Hidhni fiqtë, trumzën dhe farat e koprës dhe hiqni gjithçka nga zjarri.
m) Vendoseni furrën tuaj në 450 gradë F dhe lyeni pak me yndyrë një tavë pice.
n) Prisni brumin e picës dhe përhapeni në një rreth 1/4 inç të trashë.
o) E vendosim brumin në tavën e përgatitur të picës dhe e lyejmë sipërfaqen me vajin e mbetur të ullirit.
p) Përhapeni masën e fikut mbi kore në mënyrë të barabartë dhe sipër gjithçka me djathë dhie në formë pikash.
q) Gatuani gjithçka në furrë për rreth 15-18 minuta.

97. Pica Vjeshtore Dijon

Përbërës

- 1 kore pice e pjekur paraprakisht
- 2 thelpinj hudhre, te grira
- 1 lugë mustardë Dijon
- 2 degë rozmarinë të freskët, të prera
- 1/4 C. uthull verë e bardhë
- 1/2 C. vaj ulliri
- 1/4 C. djathë blu i thërrmuar
- kripë dhe piper për shije
- 1/4 C. djathë blu i thërrmuar
- 1/3 C. djathë mocarela e grirë
- 2 dardha - të qëruara, të prera dhe të prera në feta
- 1/4 C. copa arre të thekura

Drejtimet

a) Vendoseni furrën tuaj në 425 gradë F përpara se të bëni ndonjë gjë tjetër
b) Në një tavë pice vendosni koren e picës.
c) Gatuani gjithçka në furrë për rreth 5 minuta.
d) Hiqni gjithçka nga furra dhe lëreni mënjanë të ftohet plotësisht.
e) Në një procesor ushqimi, shtoni hudhrën, rozmarinë mustardën Dijon dhe uthullën dhe pulsoni derisa të bashkohen.

f) Ndërsa motori është në punë, ngadalë shtoni vajin dhe pulsoni derisa të qetësohet.
g) Shtoni rreth 1/4 C. djathë blu, kripë dhe piper dhe pulsoni derisa të bashkohen.
h) Përhapeni vinegrette mbi koren e picës në mënyrë të barabartë dhe spërkateni me djathin e mbetur blu dhe djathë mocarela.
i) Mbi të gjitha me fetat e dardhës, pastaj me arrat e thekura.
j) Gatuani gjithçka në furrë për rreth 7-10 minuta.

98. Pica me gjalpë Gorgonzola

Përbërës

- 1/8 C. gjalpë
- 2 qepë të mëdha Vidalia, të prera hollë
- 2 lugë çaji sheqer
- 1 (10 oz.) paketë brumë picash në frigorifer
- 1 paund djathë Gorgonzola, i grimcuar

Drejtimet

a) Në një tigan të madh shkrini gjalpin në zjarr mesatar dhe skuqni qepën për rreth 25 minuta.
b) Hidhni sheqerin dhe gatuajeni, duke e përzier vazhdimisht për rreth 1-2 minuta.
c) Vendoseni furrën tuaj në 425 gradë F dhe lyeni me yndyrë një tavë pice.
d) E vendosim brumin në tavën e përgatitur të picës dhe e shtypim në trashësinë e dëshiruar.
e) Vendosni qepët mbi kore në mënyrë të barabartë, pasuar nga Gorgonzola.
f) Gatuani gjithçka në furrë për rreth 10-12 minuta.

99. Pica me rrush me rukola

Përbërës

- 16 oz. brumë pica e përgatitur paraprakisht
- 1/2 C. Salcë makaronash
- 1/2 C. mocarela e grirë me qumësht të plotë
- 1/2 C. djathë provolone i grirë
- 1/4 C. djathë dhie, i grimcuar
- 1/4 C. arra pishe
- 10 rrush të kuq, të përgjysmuar
- 1/4 C. rukola, e grirë hollë
- 1 lugë gjelle gjethe rozmarine të thata
- 1 lugë gjelle rigon të thatë
- 1/2 lugë çaji cilantro të tharë

Drejtimet

a) Vendoseni furrën tuaj në 475 gradë F përpara se të bëni ndonjë gjë tjetër dhe lyeni me yndyrë një fletë pjekjeje.
b) Vendosni topin e brumit të picës në fletën e përgatitur për pjekje dhe rrafshoni hollë qendrën e brumit.
c) Diametri i kores duhet të jetë 12-14 inç.
d) Në një enë përzieni së bashku salcën e makaronave, rukolën, cilantron dhe rigonin.

e) Përhapeni masën e salcës mbi brumë në mënyrë të barabartë.
f) Vendosni djathrat mocarela dhe provolone mbi salcë në mënyrë të barabartë.
g) Mbi të gjitha shtoni rrushin, më pas rozmarinë, djathin e dhisë dhe arrat e pishës.
h) Gatuani gjithçka në furrë për rreth 11-14 minuta.

100. Pica në stilin francez

Përbërës

- 1 kore e hollë pice
- 2 C. rrush i kuq, i prerë në gjysmë
- 1/2 £ sallam italian, i skuqur dhe i grimcuar
- 6 oz. djathë dhie të freskët
- vaj ulliri ekstra i virgjer
- kripë dhe piper

Drejtimet

a) Vendoseni furrën tuaj në 450 gradë F përpara se të bëni ndonjë gjë tjetër.
b) Rregulloni koren e picës në një tavë pice.
c) Lyejeni koren me vaj dhe spërkatni me kripë dhe piper të zi.
d) Vendoseni suxhukin mbi koren e picës, më pas rrushin dhe djathin e dhisë.
e) Gatuani gjithçka në furrë për rreth 13-15 minuta.

PËRFUNDIM

Ndërsa mbyllim faqet e "Pizza Cookbook", shpresojmë që të jeni frymëzuar për të nisur aventura të panumërta kulinare në fushën e bërjes së picave. Nga zotërimi i artit të brumit te eksperimentimi me kombinime unike shijesh, mundësitë janë të pafundme. Pavarësisht nëse preferoni një Margherita klasike ose një pulë të guximshme BBQ, mbani mend se thelbi i vërtetë i picës qëndron në gëzimin e krijimit dhe ndarjen e saj me të dashurit.
Pra, mos kini frikë të bëheni krijues, të shtyni kufijtë dhe të bëni çdo picë në mënyrë unike tuajën. Me pak praktikë, durim dhe pasion, së shpejti do ta gjeni veten duke grumbulluar pica që rivalizojnë picerinë tuaj të preferuar. Faleminderit që u bashkuat me ne në këtë udhëtim të shijshëm dhe uroj që kuzhina juaj të jetë gjithmonë e mbushur me aromën e picës së sapopjekur.

Bëj oreks!

www.ingramcontent.com/pod-product-compliance
Lightning Source LLC
Chambersburg PA
CBHW071300110526
44591CB00010B/729